AF607153
AVERSO

AQUELLOS OJOS MÍOS

Antología poética

FEDERICO GARCÍA LORCA

Número 47 de la Colección **AVERSO POESÍA**

Aquellos ojos míos

Edición al cuidado de Averso Poesía
www.aversopoesia.com

hola@aversopoesia.com

Primera edición: abril de 2025
ISBN: 978-84-129987-8-8
Depósito Legal: GR 591-2025

Impreso en España - *Printed in Spain*

El papel utilizado para la impresión de este libro está calificado como papel ecológico y procede de bosques gestionados de manera sostenible.

AQUELLOS OJOS MÍOS

Antología poética

FEDERICO GARCÍA LORCA

Edición, selección y prólogo
JUAN CARLOS ABRIL

PRÓLOGO

Un merecido homenaje, una deuda

He pensado muchas veces, de memoria y en diversas y determinadas circunstancias y lugares, cómo escribir este prólogo a esta antología poética de Federico García Lorca, que con tanta generosidad me han encargado desde Averso, la colección que dirige con cariño Aníbal Ayala y que tutela en su comité editorial Pablo Quintela. En los últimos dos años, desde que me encargaron este proyecto, como digo, he pensado muchas veces en las cosas que quería decir, en las impresiones —y paisajes— que aspiraba a recalcar, y en lo importante que ha sido para mí, a lo largo de mi vida, su poesía, su figura y en general su influencia. En teoría debería tener escrito ya este prólogo en mi cabeza y, en la práctica, poco me quedaría que hacer ahora excepto dejar que se fueran dictando por sí mismas estas líneas, rumiadas durante horas en las que me preguntaba cómo y qué podía decir yo sobre el eximio autor granadino. Nada más lejos de la realidad, pues cuando uno —ingenuamente— se pone a la labor, comienzan las dudas y escasean las ideas, pensando que todo ya está dicho y que uno nada puede aportar con un modesto prólogo a la rutilante obra de nuestro universal poeta.

En cualquier caso, tenía claro que no quería ni pretendía hacer una introducción académica o sesuda donde pudiera lucirme o desarrollar largamente mis conocimientos e investigaciones. No era este el sitio indicado para tal esfuerzo, porque se trata —en unas líneas más o menos breves— de presentar al poeta y contar sucintamente algunas de mis experiencias lectoras íntimas en torno a su legado. Relatar mi historia personal en torno a Lorca, lo que significó y significa para mí... En otras publicaciones me he ocupado de analizar su obra, siempre estimulante desde el punto de vista del estudio, y eso que estamos hablando posiblemente del autor en lengua española sobre el que netamente más se ha escrito, y han sido verdaderos ríos de tinta.

Efectivamente, García Lorca es el poeta más famoso en nuestra lengua, y no es menuda esta afirmación. Más que ningún otro. Sin embargo, en este punto se suele hablar de su trágico asesinato, tan ignominioso como impune, tan nefasto como incomprensible, tan absurdo como innecesario, despreciable, infame... El franquismo, sin saberlo, creó un mártir y un símbolo de resistencia contra el régimen. De la tríada de los «poetas del sacrificio», junto a Antonio Machado y Miguel Hernández, el granadino es sin duda el que más repercusión alcanzó, pues su poesía conecta con amplias capas de lectores, al desplegar virtudes que poquísimos escritores alcanzan.

La chispa, la gracia o, en palabras del propio autor, el duende, no son cualidades inherentes a cualquiera y, ciertamente, Federico García Lorca presume de ser uno de los poetas que mejor transmite la magia de la poesía. Incluso en las traducciones a otros idiomas. Talento a raudales. Además, el universo lorquiano se presenta muy vasto, a pesar de que fue muerto a la joven edad de 38 años. Creador nato y vitalista, insigne dramaturgo, músico, dibujante y artista de formación versátil, poseía un dinámico sentido autocrítico, que le impulsó a no conformarse con los logros alcanzados, espoleándole a ir cambiando, explorando otros lenguajes, formas expresivas y estilos de una lírica marcada por la polifonía, en un continuo reto de superación y actualización. Un gran entusiasta.

Siempre he querido y necesitado indicar la influencia que García Lorca ejerció en mí, desde mi adolescencia. Mi particular deslumbramiento hacia su palabra se mostró siempre más que palmario, impulsándome a leer y, a su vez, a escribir. A mí al igual que muchos otros. García Lorca es un poeta que genera poetas, que motiva, contagia y anima a los lectores a escribir poesía. De modo que mis torpes poemas juveniles se hallan poblados de gitanos fugitivos, lunas mensajeras de lo inevitable, jinetes que jamás llegan a su destino y guardias civiles robóticos. La estrofa favorita será el romance, por supuesto. El color predominante el verde, que simbolizará la muerte invariablemente. Comenta Luis García Montero que «Federico García Lorca fundó en su escritura un mundo muy personal. Resulta fácil identificar el carácter lorquiano de las imágenes, de los asuntos poéticos y de los tonos que definen su obra».[1] Aseveraciones que comparto sin ninguna duda. Nos encontramos ante un poeta uni-

1.García Montero, Luis (2013). «Prólogo» en Federico García Lorca, *Antología poética*, Selección y prólogo de Luis García Montero, Madrid: Visor, p. 7.

versal y, como gritó Alberto Moravia en el funeral de Pier Paolo Pasolini: «Ha muerto un gran poeta. Poetas como Pasolini, nace uno cada siglo». Evidentemente, Federico García Lorca es uno de esos pocos poetas que nace cada siglo.

En esta edad madura de los 50 años, el recuerdo de mi primer García Lorca se impone nítido y me ayuda a entenderme, a comprender mi evolución, los procesos por los que discurrí, y a aceptar mis contradicciones. García Lorca me ha acompañado toda mi vida desde que tengo uso de razón. Qué duda cabe que mi despertar político también se encuentra asociado a su figura, incluso sin haberse él señalado políticamente de manera especial, tal y como sí hicieron otros escritores, intelectuales o artistas, compañeros de generación. En cambio, es patente su adscripción ideológica y su participación en diferentes actos públicos, como por ejemplo en el homenaje a Rafael Alberti o María Teresa León, comunistas ambos con su carné, el 9 de febrero de 1936, con motivo de las elecciones del 16 de febrero del mismo año, firmando el manifiesto —fue él quien lo leyó durante la comida— de apoyo al Frente Popular. Dicho manifiesto se publicó en el entonces diario comunista *Mundo Obrero*, el 15 de febrero. Lorca simpatizaba abiertamente con ideas de izquierda y republicanas, firme defensor de la justicia social.

No olvidemos que nuestro poeta se formó al lado de Fernando de los Ríos, uno de los nombres más importantes del socialismo español, de quien a la sazón ejerció como su secretario. De los Ríos fue uno de los responsables de que el autor de *Romancero gitano* consiguiera alojamiento en la Residencia de Estudiantes, acompañándolo en 1929 en su fundamental viaje a Nueva York. Como ministro de Instrucción Pública de la República, impulsó la creación de la compañía teatral La Barraca, de la que fueron directores García Lorca y Eduardo Ugarte, por lo que su ascendente de izquierdas también en ese sentido se encuentra fuertemente acreditado. Aunque no militó en ningún partido, estuvo impelido en diferentes ocasiones por sus amigos, entre ellos los citados María Teresa León y Rafael Alberti, a afiliarse al Partido Comunista, sin que lograran tal propósito. Y quisiera dejar aquí el detalle de que a comienzos de 1933 formó parte del grupo de intelectuales españoles que fundaron la Asociación de Amigos de la Unión Soviética. Hay que decir que la presencia entre los firmantes de aquel manifiesto fundacional de un buen número de personalidades que poco o nada tenían de comunistas, como Jacinto Benavente, Pío Baroja o Concha Espina, se justificó como fruto de sus simpatías por la cultura y el pueblo rusos, y no de su afinidad al régimen estalinista. Su adscripción a otras causas nobles no será una mera pose, pues su compromiso social y político se mantuvo firme en el Madrid de finales de los años 20 y los años 30, más aún en aquellos agitados meses previos al golpe de Estado del 18 de julio, donde cada semana había un atentado y se barruntaba el levantamiento militar. Lorca representa un símbolo de tolerancia como pocos, pues pagó con su propia vida. Por mi parte, al cumplir los 18 años me afilié al Partido Comunista y, aunque con el tiempo renuncié al comunismo, siempre desde una postura socialdemócrata, nunca abandonaré los valores republicanos. La monarquía es un sistema obsoleto y absurdo desde el punto de vista de la modernidad y la madurez democrática.

Desde luego que la homosexualidad de García Lorca se halla asimismo en ese sentimiento de solidaridad hacia su obra, reivindicación de su efigie y sólida empatía hacia su mundo. Su inclinación hacia la defensa de los marginados, explotados, maltratados, perseguidos o excluidos, los gitanos o los negros, por ejemplo, siempre me influyó notablemente. Supo que no era fácil declararse homosexual en la España de su época, él, que había escrito la «Oda a Walt Whitman» y que se disponía a publicar *Poeta en Nueva York*, posiblemente su mejor libro, o al menos mi favorito, para el que preparó incluso las ilustraciones, sus propios dibujos. José Bergamín lo iba a publicar en la revista *Cruz y Raya*, en las legendarias y bellas Ediciones del Árbol, si no hubiera sido por todo lo que sucedió aquel verano... Sea como fuere, la crítica feroz a la Iglesia católica en su «Grito hacia Roma. *Desde la torre del Chrysler Building*», dentro del mismo poemario, no deja de ser otro motivo por el que García Lorca denunciaba no solo los Pactos de Letrán —firmados el 11 de febrero de 1929— entre el papa Pío XI y Benito Mussolini, por los que se apoyaban mutuamente en sus intereses, sino que desde luego denunciaba la opulencia y la riqueza del Vaticano, igual que la inculcación del miedo, la idea de pecado, el arrepentimiento, el remordimiento y el sentimiento de culpa, que por otro lado él siempre se había sacudido de manera airosa.

Con motivo de la primera edición de *La realidad y el deseo*, de Luis Cernuda, en las Ediciones del Árbol de la revista *Cruz y Raya* de Bergamín, un grupo de amigos y poetas se reunió el 20 de abril de 1936 en un restaurante madrileño. Hay una foto entrañable en la que se ve a Cernuda como *capotavola*. De pie, de izquierda a derecha, Vicente Aleixandre, Federico García Lorca, Pedro Salinas, Rafael Alberti, Pablo Neruda, José Bergamín, Manuel Altolaguirre y María Teresa León, entre otros. Allí nuestro poeta leyó un texto —recogido después en las *Obras completas*[2] y del que da constancia el periódico *El Sol* al día siguiente— en el que elogia la publicación de la poesía reunida del sevillano y, entre otros asuntos, particularmente ensalza su abierta declaración de amor homosexual, de manera que el camino de nuestro autor se iba dirigiendo cada vez más claramente hacia la ruptura de los tabúes de aquella España que peleaba por sacudirse la caspa y la grisura históricas, las cuales habían sumido al país en el más triste atraso económico, cultural y a todos los niveles. Como es bien sabido, la reacción más salvaje y la carcundia estaban a punto de llegar, aunque para que se impusiera el fascismo hubieron de mediar tres años de dolorosa y sangrienta lucha fratricida.

Un detalle no poco pertinente habría que subrayar, para entender quién era Federico García Lorca hacia 1936. Me refiero a su notoriedad y fama. Las razones son múltiples… Continuas referencias, citas y noticias

2. García Lorca, Federico (1997). *Obras completas III. Prosa*, Edición de Miguel García-Posada, Barcelona: Galaxia Gutenberg-Círculo de Lectores, col. Opera Mundi, pp. 288-290.

en los periódicos demuestran que nos encontramos ante una celebridad, anunciando sus pasos a diario por ciudades, realizando un seguimiento de sus actividades y eventos, conferencias y recitales, describiendo sus viajes, contando sus proyectos o iniciativas, explicando su pensamiento a través de entrevistas, en diferentes secciones de sucesos, variedades o cultura. Habría muchísimos ejemplos. Como el anuncio, en primera plana del día 15 de julio en *El Defensor de Granada*, que anunciaba su visita: «Se encuentra en Granada desde ayer el poeta granadino Federico García Lorca. El ilustre autor de *Bodas de sangre* se propone pasar una breve temporada con sus familiares». Baste dejar aquí clara su relevancia en la España de entonces, constancia de que nos hallamos ante el escritor más famoso del momento, con una asentada proyección pública.

Poco más me queda que añadir en estas páginas, excepto dar noticia del viaje que no realizó nuestro Federico a México, y que habría supuesto que se hubiera salvado de la barbarie y viviera. Por el contrario, bajó a Granada, su patria chica, donde se agita la peor burguesía de España, a celebrar su santo junto con su padre, el 18 de julio, día de san Federico. En España, durante mucho tiempo fue mucho más tradicional y popular celebrar la onomástica que el cumpleaños, y más teniendo en cuenta que coincidía con su progenitor y con el verano. A propósito del padre, Federico García Rodríguez, terrateniente acomodado de talante liberal, se ha elucubrado bastante sobre los litigios, pleitos que arrastraba, por problemas de tierras y rencillas familiares, lo cual sin dejar de ser cierto no resulta más que un pretexto para echar leña al fuego, aunque nada concluyente...

Fehaciente no obstante es recordar que Margarita Xirgu había partido para América, primero a La Habana y luego a México, el 31 de enero de 1936. La actriz trató en vano durante los siguientes meses de ese fatídico año que el poeta «se reúna con ella en México, pero sin éxito», en palabras de Ian Gibson.[3] García Lorca estaba en plena y febril redacción de *La casa de Bernarda Alba* y disfrutaba de un momento de gran vida social, entre eventos culturales, lecturas, conferencias, reuniones, actos de solidaridad, cenas, viajes constantes, homenajes y, por supuesto, su espacio privado e íntimo para vivir y escribir, pues no olvidemos que era un escritor muy fecundo y tenaz. En buena lógica, el país de los aztecas ejercía una animosa atracción hacia nuestro autor y, en cualquier caso, ese viaje a México se habría erigido como clave, pero no pudo ser por diferentes avatares... Lo habría realizado sin duda en el futuro... De poco vale ya especular.

Escribir este prólogo era no solo un encargo, por otra parte un trabajo gustoso, como quería JRJ, sino del mismo modo un merecido homenaje a esa pulsión lírica que tanto me ha dado, tanto me ha entregado a través de sus emocionantes versos, a lo largo de mi vida en sus diferentes etapas. Por tanto también una deuda. Un poeta que me ha acompañado en muchos contextos, en multitud de situaciones y que incluso he

3. Gibson, Ian (2011). *Federico García Lorca*, Barcelona: Crítica, p. 1069.

tenido oportunidad de enseñar en el aula universitaria. Sin olvidar las extraordinarias versiones de Paco Ibáñez, a quien nunca le estaré agradecido del todo por su labor como difusor de la poesía escrita en nuestra lengua española, y en concreto por la delicadeza de su mítico primer álbum de 1964, dedicado a García Lorca y a Góngora. En mi pueblo natal y a mediados de los 80, aquellas musicalizaciones fueron un refugio con las que pude resistir frente al aislamiento y la incomprensión, la violencia y el embrutecimiento, iniciándome en la poesía, porque salté —a través de las casetes y los vinilos— directamente a los textos. La poesía como rama dorada. Así que con esto me gustaría quedarme ahora, con aquel púber maravillado por los poemas del genial granadino y que poco a poco fue descubriendo el universo lorquiano, para ya no separarse jamás de él.

Juan Carlos Abril
Granada, 29 de octubre de 2024

NOTA DEL EDITOR

Esta antología sigue la edición anteriormente citada de las *Obras completas* de Federico García Lorca (Barcelona: Galaxia Gutenberg-Círculo de Lectores, col. Opera Mundi), preparada por Miguel García-Posada en cuatro volúmenes, publicados el primero en 1996 y los tres siguientes en 1997. Todos los poemas aquí recogidos pertenecen al primer volumen, excepto los tres finales, datados entre 1917 y 1918. En concreto, «Canción. *Ensueño y confusión*», 29 de junio de 1917, «*[Yo estaba triste frente a los sembrados]*», 23 de octubre de 1917, y «La muerte de Ofelia», 7 de septiembre 1918. He titulado esa última sección *Poesía inédita de juventud*, siguiendo el criterio más generalizado y, en especial, el volumen de Cátedra, aparecido en 1994.

La elección de poemas en una antología de Federico García Lorca debe supeditarse sobre todo a la importancia de los textos en sí. Quiero decir que hay poemas tan famosos que son imposibles de obviar en cualquier repertorio que se digne de nuestro autor. Además, he querido recoger algunas otras composiciones que me gustan a mí especialmente o que me parecen significativas, por diversas razones.

Respecto a las fechas que acompañan los títulos en las portadillas interiores, es bien sabido que nuestro poeta era muy perfeccionista, retocando una y otra vez los textos, hasta el mismo día en que entraban en imprenta. El proceso de datación ha sido estudiado con detalle por muchos investigadores. Por ejemplo, el núcleo del *Poema del cante jondo* fue escrito en 1921, pero no se publica hasta 1931. Durante todos esos años el poeta, cada vez que manejaba los poemas, por alguna u otra razón, para publicarlos en alguna revista o porque se acordaba de algo, corregía. En ese sentido, las fechas son indicativas de los periodos de gestación, pero también de maduración final, y sobre todo son orientativas para los lectores.

Finalmente, he extraído el título de esta antología del poema «1910. *Intermedio*», de *Poeta en Nueva York*. Sirva también una vez más como homenaje.

DE *LIBRO DE POEMAS*

(1918-1921)

Veleta

Julio de 1920
Fuente Vaqueros
Granada

Viento del Sur.
Moreno, ardiente,
Llegas sobre mi carne,
Trayéndome semilla
De brillantes
Miradas, empapado
De azahares.

Pones roja la luna
Y sollozantes
Los álamos cautivos, pero vienes
¡Demasiado tarde!
¡Ya he enrollado la noche de mi cuento
En el estante!

Sin ningún viento,
¡Hazme caso!
Gira, corazón;
Gira, corazón.

Aire del Norte,
¡Oso blanco del viento!,
Llegas sobre mi carne
Tembloroso de auroras

Boreales,
Con tu capa de espectros
Capitanes,
Y riyéndote a gritos
Del Dante.
¡Oh pulidor de estrellas!
Pero vienes
Demasiado tarde.
Mi almario está musgoso
Y he perdido la llave.

Sin ningún viento,
¡Hazme caso!
Gira, corazón;
Gira, corazón.

Brisas gnomos y vientos
De ninguna parte,
Mosquitos de la rosa
De pétalos pirámides,
Alisios destetados
Entre los rudos árboles,
Flautas en la tormenta,
¡Dejadme!
Tiene recias cadenas
Mi recuerdo,
Y está cautiva el ave
Que dibuja con trinos
La tarde.

Las cosas que se van no vuelven nunca,
Todo el mundo lo sabe,
Y entre el claro gentío de los vientos
Es inútil quejarse.
¿Verdad, chopo, maestro de la brisa?

¡Es inútil quejarse!
Sin ningún viento,
¡Hazme caso!
Gira, corazón;
Gira, corazón.

Los encuentros de un caracol aventurero

Diciembre de 1918
GRANADA

A Ramón P. Roda

Hay dulzura infantil
En la mañana quieta.
Los árboles extienden
Sus brazos a la tierra.
Un vaho tembloroso
Cubre las sementeras,
Y las arañas tienden
Sus caminos de seda
—Rayas al cristal limpio
Del aire—.
                    En la alameda
Un manantial recita
Su canto entre las hierbas.
Y el caracol, pacífico
Burgués de la vereda,
Ignorado y humilde,
El paisaje contempla.
La divina quietud
De la Naturaleza
Le dio valor y fe,
Y olvidando las penas
De su hogar, deseó
Ver el fin de la senda.

Echó a andar e internose
En un bosque de yedras
Y de ortigas. En medio
Había dos ranas viejas
Que tomaban el sol,
Aburridas y enfermas.

Estos cantos modernos,
Murmuraba una de ellas,
Son inútiles. Todos,
Amiga, le contesta
La otra rana, que estaba
Herida y casi ciega:
Cuando joven creía
Que si al fin Dios oyera
Nuestro canto, tendría
Compasión. Y mi ciencia,
Pues ya he vivido mucho,
Hace que no lo crea.
Yo ya no canto más...

Las dos ranas se quejan
Pidiendo una limosna
A una ranita nueva
Que pasa presumida
Apartando las hierbas.

Ante el bosque sombrío
El caracol se aterra,
Quiere gritar. No puede.
Las ranas se le acercan.

¿Es una mariposa?,
Dice la casi ciega.
Tiene dos cuernecitos,
La otra rana contesta.
Es el caracol. ¿Vienes,
Caracol, de otras tierras?

Vengo de mi casa y quiero
Volverme muy pronto a ella.
Es un bicho muy cobarde,
Exclama la rana ciega.
¿No cantas nunca? No canto,
Dice el caracol. ¿Ni rezas?
Tampoco: nunca aprendí.
¿Ni crees en la vida eterna?
¿Qué es eso?
                                        Pues vivir siempre
En el agua más serena,
Junto a una tierra florida
Que a un rico manjar sustenta.

Cuando niño a mí me dijo
Un día mi pobre abuela
Que al morirme yo me iría
Sobre las hojas más tiernas
De los árboles más altos.

Una hereje era tu abuela,
La verdad te la decimos
Nosotras. Creerás en ella,
Dicen las ranas furiosas.

¿Por qué quise ver la senda?
Gime el caracol. Sí, creo
Por siempre en la vida eterna
Que predicáis...
                                    Las ranas,
Muy pensativas, se alejan,
Y el caracol, asustado,
Se va perdiendo en la selva.

Las dos ranas mendigas
Como esfinges se quedan.
Una de ellas pregunta:
¿Crees tú en la vida eterna?
Yo no, dice muy triste
La rana herida y ciega.
¿Por qué hemos dicho entonces
Al caracol que crea?
¿Por qué...? No sé por qué,
Dice la rana ciega.
Me lleno de emoción
Al sentir la firmeza
Con que llaman mis hijos
A Dios desde la acequia...

El pobre caracol
Vuelve atrás. Ya en la senda
Un silencio ondulado
Mana de la alameda.
Con un grupo de hormigas
Encarnadas se encuentra.
Van muy alborotadas,

Arrastrando tras ellas
A otra hormiga que tiene
Tronchadas las antenas.
El caracol exclama:
Hormiguitas, paciencia.
¿Por qué así maltratáis
A vuestra compañera?
Contadme lo que ha hecho.
Yo juzgaré en conciencia.
Cuéntalo tú, hormiguita.

La hormiga medio muerta
Dice muy tristemente:
Yo he visto las estrellas.
¿Qué son estrellas? —dicen
Las hormigas inquietas.
Y el caracol pregunta
Pensativo: ¿Estrellas?
Sí, repite la hormiga,
He visto las estrellas.
Subí al árbol más alto
Que tiene la alameda
Y vi miles de ojos
Dentro de mis tinieblas.
El caracol pregunta:
¿Pero qué son estrellas?
Son luces que llevamos
Sobre nuestra cabeza.
Nosotras no las vemos,
Las hormigas comentan.
Y el caracol: Mi vista
Sólo alcanza a las hierbas.

Las hormigas exclaman
Moviendo sus antenas:
Te mataremos, eres
Perezosa y perversa.
El trabajo es tu ley.

Yo he visto a las estrellas,
Dice la hormiga herida.
Y el caracol sentencia:
Dejadla que se vaya,
Seguid vuestras faenas.
Es fácil que muy pronto
Ya rendida se muera.

Por el aire dulzón
Ha cruzado una abeja.
La hormiga agonizando
Huele la tarde inmensa
Y dice: Es la que viene
A llevarme a una estrella.

Las demás hormiguitas
Huyen al verla muerta.

El caracol suspira
Y aturdido se aleja
Lleno de confusión
Por lo eterno. La senda
No tiene fin, exclama.
Acaso a las estrellas
Se llegue por aquí.

Pero mi gran torpeza
Me impedirá llegar.
No hay que pensar en ellas.

Todo estaba brumoso
De sol débil y niebla.
Campanarios lejanos
Llaman gente a la iglesia,
Y el caracol, pacífico
Burgués de la vereda,
Aturdido e inquieto
El paisaje contempla.

Canción otoñal

Noviembre de 1918

GRANADA

Hoy siento en el corazón
Un vago temblor de estrellas,
Pero mi senda se pierde
En el alma de la niebla.
La luz me troncha las alas
Y el dolor de mi tristeza
Va mojando los recuerdos
En la fuente de la idea.

Todas las rosas son blancas,
Tan blancas como mi pena,
Y no son las rosas blancas,
Que ha nevado sobre ellas.
Antes tuvieron el iris.
También sobre el alma nieva.
La nieve del alma tiene
Copos de besos y escenas
Que se hundieron en la sombra
O en la luz del que las piensa.
La nieve cae de las rosas,
Pero la del alma queda,
Y la garra de los años
Hace un sudario con ellas.

¿Se deshelará la nieve
Cuando la muerte nos lleva?
¿O después habrá otra nieve
Y otras rosas más perfectas?

¿Será la paz con nosotros
Como Cristo nos enseña?
¿O nunca será posible
La solución del problema?

¿Y si el Amor nos engaña?
¿Quién la vida nos alienta
Si el crepúsculo nos hunde
En la verdadera ciencia
Del Bien que quizá no exista
Y del Mal que late cerca?

¿Si la esperanza se apaga
Y la Babel se comienza,
Qué antorcha iluminará
Los caminos en la Tierra?

Si el azul es un ensueño,
¿Qué será de la inocencia?
¿Qué será del corazón
Si el Amor no tiene flechas?

Y si la muerte es la muerte,
¿Qué será de los poetas
Y de las cosas dormidas
Que ya nadie las recuerda?

¡Oh sol de las esperanzas!
¡Agua clara! ¡Luna nueva!
¡Corazones de los niños!
¡Almas rudas de las piedras!
Hoy siento en el corazón
Un vago temblor de estrellas
Y todas las rosas son
Tan blancas como mi pena.

Elegía a doña Juana la Loca

Diciembre de 1918

GRANADA

A Melchor Fernández Almagro

Princesa enamorada sin ser correspondida.
Clavel rojo en un valle profundo y desolado.
La tumba que te guarda rezuma tu tristeza
A través de los ojos que ha abierto sobre el mármol.

Eras una paloma con alma gigantesca
Cuyo nido fue sangre del suelo castellano.
Derramaste tu fuego sobre un cáliz de nieve
Y al querer alentarlo tus alas se troncharon.

Soñabas que tu amor fuera como el infante
Que te sigue sumiso recogiendo tu manto.
Y en vez de flores, versos y collares de perlas
Te dio la Muerte rosas marchitas en un ramo.

Tenías en el pecho la formidable aurora
De Isabel de Segura, Melibea. Tu canto,
Como alondra que mira quebrarse el horizonte,
Se torna de repente monótono y amargo.

Y tu grito estremece los cimientos de Burgos.
Y oprime la salmodia del coro cartujano.
Y choca con los ecos de las lentas campanas
Perdiéndose en la sombra tembloroso y rasgado.

Tenías la pasión que da el cielo de España.
La pasión del puñal, de la ojera y el llanto.
¡Oh princesa divina de crepúsculo rojo,
Con la rueca de hierro y de acero lo hilado!

Nunca tuviste el nido, ni el madrigal doliente,
Ni el laúd juglaresco que solloza lejano.
Tu juglar fue un mancebo con escamas de plata
Y un eco de trompeta su acento enamorado.

Y sin embargo, estabas para el amor formada,
Hecha para el suspiro, el mimo y el desmayo,
Para llorar tristeza sobre el pecho querido
Deshojando una rosa de olor entre los labios.

Para mirar la luna bordada sobre el río
Y sentir la nostalgia que en sí lleva el rebaño.
Y mirar los eternos jardines de la sombra.
¡Oh princesa morena que duermes bajo el mármol!

¿Tienes los ojos negros abiertos a la luz?
¿O se enredan serpientes a tus senos exhaustos...?
¿Dónde fueron tus besos lanzados a los vientos?
¿Dónde fue la tristeza de tu amor desgraciado?
En el cofre de plomo, dentro de tu esqueleto,
Tendrás el corazón partido en mil pedazos.

Y Granada te guarda como santa reliquia,
¡Oh princesa morena que duermes bajo el mármol!
Eloísa y Julieta fueron dos margaritas
Pero tú fuiste un rojo clavel ensangrentado,

Que vino de la tierra dorada de Castilla
A dormir entre nieve y cipresales castos.

Granada era tu lecho de muerte, doña Juana:
Los cipreses tus cirios,
La sierra tu retablo.
Un retablo de nieve que mitigue tus ansias
¡Con el agua que pasa junto a ti! ¡La del Dauro!

Granada era tu lecho de muerte, doña Juana,
La de las torres viejas y del jardín callado,
La de la yedra muerta sobre los muros rojos,
La de la niebla azul y el arrayán romántico.

Princesa enamorada y mal correspondida.
Clavel rojo en un valle profundo y desolado.
La tumba que te guarda rezuma tu tristeza
A través de los ojos que ha abierto sobre el mármol.

Balada triste
Pequeño poema

Abril de 1918

Granada

¡Mi corazón es una mariposa,
Niños buenos del prado!,
Que presa por la araña gris del tiempo
Tiene el polen fatal del desengaño.

De niño yo canté como vosotros,
Niños buenos del prado,
Solté mi gavilán con las temibles
Cuatro uñas de gato.
Pasé por el jardín de Cartagena
La verbena invocando
Y perdí la sortija de mi dicha
Al pasar el arroyo imaginario.

Fui también caballero
Una tarde fresquita de Mayo.
Ella era entonces para mí el enigma,
Estrella azul sobre mi pecho intacto.
Cabalgué lentamente hacia los cielos,
Era un domingo de pipirigallo,
Y vi que en vez de rosas y claveles
Ella tronchaba lirios con sus manos.

Yo siempre fui intranquilo,
Niños buenos del prado.
El *ella* del romance me sumía
En ensoñares claros.
¿Quién será la que coge los claveles
Y las rosas de Mayo?
¿Y por qué la verán sólo los niños
A lomos de Pegaso?
¿Será esa misma la que en los rondones
Con tristeza llamamos
Estrella, suplicándole que salga
A danzar por el campo?...

En abril de mi infancia yo cantaba,
Niños buenos del prado,
La *ella* impenetrable del romance
Donde sale Pegaso.
Yo decía en las noches la tristeza
De mi amor ignorado,
Y la luna lunera, ¡qué sonrisa
Ponía entre sus labios!
¿Quién será la que corta los claveles
Y las rosas de Mayo?
Y de aquella chiquilla, tan bonita,
Que su madre ha casado,
¿En qué oculto rincón de cementerio
Dormirá su fracaso?

Yo solo con mi amor desconocido,
Sin corazón, sin llantos,
Hacia el techo imposible de los cielos
Con un gran sol por báculo.

¡Qué tristeza tan seria me da sombra!,
Niños buenos del prado,
Cómo recuerda dulce el corazón
Los días ya lejanos...
¿Quién será la que corta los claveles
Y las rosas de Mayo?

El presentimiento

Agosto de 1920

VEGA DE ZUJAIRA

El presentimiento
Es la sonda del alma
En el misterio.
Nariz del corazón,
Palo de ciego
Que explora en la tiniebla
Del tiempo.

Ayer es lo marchito,
El sentimiento
Y el campo funeral
Del recuerdo.

Anteayer
Es lo muerto.
Madriguera de ideas moribundas,
De pegasos sin freno.
Malezas de memorias,
Y desiertos
Perdidos en la niebla
De los sueños.

Nada turba los siglos
Pasados.

No podemos
Arrancar un suspiro
De lo viejo.
El pasado se pone
Su coraza de hierro,
Y tapa sus oídos
Con algodón del viento.
Nunca podrá arrancársele
Un secreto.

Sus músculos de siglos
Y su cerebro
De marchitas ideas
En feto
No darán el licor que necesita
El corazón sediento.

Pero el niño futuro
Nos dirá algún secreto
Cuando juegue en su cama
De luceros.
Y es fácil engañarle;
Por eso,
Démosle con dulzura
Nuestro seno,
Que el topo silencioso
Del presentimiento
Nos traerá sus sonajas
Cuando se esté durmiendo.

Canción para la luna

Agosto de 1920

Blanca tortuga,
Luna dormida,
¡Qué lentamente
Caminas!
Cerrando un párpado
De sombras, miras
Cual arqueológica
Pupila.
Que quizá sea...
(Satán es tuerto)
Una reliquia.
Viva lección
Para anarquistas.
Jehová acostumbra
Sembrar su finca
Con ojos muertos
Y cabecitas
De sus contrarias
Milicias.
Gobierna rígido
La Fez divina
Con su turbante
De niebla fría,
Poniendo dulces
Astros sin vida
Al rubio cuervo

Del día.
Por eso, luna,
¡Luna dormida!,
Vas protestando,
Seca de brisas,
Del gran abuso
La tiranía,
De ese Jehová
Que os encamina
Por una senda,
¡Siempre la misma!,
Mientras Él goza
En compañía
De doña Muerte,
Que es su querida…

Blanca tortuga,
Luna dormida,
Casta Verónica
Del sol que limpias
En el ocaso
Su faz rojiza.
Ten esperanza,
Muerta pulida,
Que el gran Lenín
De tu campiña
Será la Osa
Mayor, la arisca
Fiera del cielo
Que irá tranquila
A dar su abrazo

De despedida,
Al viejo enorme
De los seis días.

Y entonces, luna
Blanca, vendría
El puro reino
De la ceniza.

(Ya habréis notado
Que soy nihilista.)

Balada interior

16 de julio de 1920

Vega de Zujaira

A Gabriel

El corazón
Que tenía en la escuela
Donde estuvo pintada
La cartilla primera,
¿Está en ti,
Noche negra?

(Frío, frío,
Como el agua
Del río.)

El primer beso
Que supo a beso y fue
Para mis labios niños
Como la lluvia fresca,
¿Está en ti,
Noche negra?

(Frío, frío,
Como el agua
Del río.)

Mi primer verso,
La niña de las trenzas
Que miraba de frente,
¿Está en ti,
Noche negra?

(Frío, frío,
Como el agua
Del río.)

Pero mi corazón
Roído de culebras,
El que estuvo colgado
Del árbol de la ciencia,
¿Está en ti,
Noche negra?

(Caliente, caliente,
Como el agua
De la fuente.)

Mi amor errante,
Castillo sin firmeza,
De sombras enmohecidas,
¿Está en ti,
Noche negra?

(Caliente, caliente,
Como el agua
De la fuente.)

¡Oh, gran dolor!
Admites en tu cueva
Nada más que la sombra.
¿Es cierto,
Noche negra?

(Caliente, caliente,
Como el agua
De la fuente.)

¡Oh corazón perdido!
¡*Requiem aeternam*!

Balada de la placeta

1919

Cantan los niños
En la noche quieta;
¡Arroyo claro,
Fuente serena!

Los niños
¿Qué tiene tu divino
Corazón en fiesta?

Yo
Un doblar de campanas
Perdidas en la niebla.

Los niños
Ya nos dejas cantando
En la plazuela.
¡Arroyo claro,
Fuente serena!

¿Qué tienes en tus manos
De primavera?

Yo
Una rosa de sangre
Y una azucena.

Los niños
Mójalas en el agua

De la canción añeja.
¡Arroyo claro,
Fuente serena!

¿Qué sientes en tu boca
Roja y sedienta?

Yo
El sabor de los huesos
De mi gran calavera.

Los niños
Bebe el agua tranquila
De la canción añeja.
¡Arroyo claro,
Fuente serena!

¿Por qué te vas tan lejos
De la plazuela?

Yo
¡Voy en busca de magos
Y de princesas!

Los niños
¿Quién te enseñó el camino
De los poetas?

Yo
La fuente y el arroyo
De la canción añeja.

Los niños
¿Te vas lejos, muy lejos
Del mar y de la tierra?

Yo
Se ha llenado de luces
Mi corazón de seda,
De campanas perdidas,
De lirios y de abejas.
Y yo me iré muy lejos,
Más allá de esas sierras,
Más allá de los mares,
Cerca de las estrellas,
Para pedirle a Cristo
Señor que me devuelva
Mi alma antigua de niño,
Madura de leyendas,
Con el gorro de plumas
Y el sable de madera.

Los niños
Ya nos dejas cantando
En la plazuela.
¡Arroyo claro,
Fuente serena!

Las pupilas enormes
De las frondas resecas,
Heridas por el viento,
Lloran las hojas muertas.

Espigas

Junio de 1919

El trigal se ha entregado a la muerte.
Ya las hoces cortan las espigas.
Cabecean los chopos hablando
Con el alma sutil de la brisa.

El trigal sólo quiere silencio.
Se cuajó con el sol, y suspira
Por el amplio elemento en que moran
Los ensueños despiertos.
                                        El día,
Ya maduro de luz y sonido,
Por los montes azules declina.

¿Qué misterioso pensamiento
Conmueve a las espigas?
¿Qué ritmo de tristeza soñadora
Los trigales agita?...

¡Parecen las espigas viejos pájaros
Que no pueden volar!
                                        Son cabecitas
Que tienen el cerebro de oro puro
Y expresiones tranquilas.

Todas piensan lo mismo,
                                        todas llevan
Un secreto profundo que meditan.

Arrancan a la tierra su oro vivo
Y, cual dulces abejas del sol, liban
El rayo abrasador con que se visten
Para formar el alma de la harina.

¡Oh, qué alegre tristeza me causáis,
Dulcísimas espigas!
Venís de las edades más profundas,
Cantasteis en la Biblia,
Y tocáis cuando os rozan los silencios
Un concierto de liras.

Brotáis para alimento de los hombres.
¡Pero mirad las blancas margaritas
Y los lirios que nacen *porque sí!*
¡Momias de oro sobre las campiñas!
La flor silvestre nace para el Sueño
Y vosotras nacéis para la vida.

DE *SUITES*

(1920-1923)

Suite de los espejos

Símbolo

Cristo
tenía un espejo
en cada mano.
Multiplicaba
su propio espectro.
Proyectaba su corazón
en las miradas
negras.
¡Creo!

El gran espejo

Vivimos
bajo el gran espejo.
¡El hombre es azul!
¡Hosanna!

Reflejo

Doña Luna.
(¿Se ha roto el azogue?)
No.
¿Qué muchacho ha encendido
su linterna?
Sólo una mariposa
basta para apagarte.
Calla... ¡pero es posible!

¡Aquella luciérnaga
es la luna!

Rayos

Todo es abanico.
Hermano, abre los brazos.
Dios es el punto.

Réplica

Un pájaro tan sólo
canta.
El aire multiplica.
Oímos por espejos.

Tierra

Andamos
sobre un espejo
sin azogue,
sobre un cristal
sin nubes.
Si los lirios nacieran
al revés,
si las rosas nacieran
al revés,
si todas las raíces
miraran las estrellas,
y el muerto no cerrara
sus ojos,
seríamos como cisnes.

Capricho

Detrás de cada espejo
hay una estrella muerta
y un arco iris niño
que duerme.

Detrás de cada espejo
hay una calma eterna
y un nido de silencios
que no han volado.

El espejo es la momia
del manantial, se cierra,
como concha de luz,
por la noche.

El espejo
es la madre-rocío,
el libro que diseca
los crepúsculos, el eco hecho carne.

Sinto

Campanillas de oro.
Pagoda dragón.
Tilín, tilín,
sobre los arrozales.
Fuente primitiva.
Fuente de la verdad.
A lo lejos,

garzas de color rosa
y el volcán marchito.

Los ojos

En los ojos se abren
infinitos senderos.
Son dos encrucijadas
de la sombra.
La muerte llega siempre
de esos campos ocultos.
(Jardinera que troncha
las flores de las lágrimas.)
Las pupilas no tienen
horizontes.
Nos perdemos en ellas
como en la selva virgen.
Al castillo de irás
y no volverás
se vapor el camino
que comienza en el iris.
¡Muchacho sin amor,
Dios te libre de la yedra roja!
¡Guárdate del viajero,
Elenita que bordas
corbatas!

«Initium»

Adán y Eva.
La serpiente
partió el espejo

en mil pedazos,
y la manzana
fue la piedra.

«Berceuse» al espejo dormido

Duerme.
No temas la mirada
errante.
            Duerme.

Ni la mariposa,
ni la palabra,
ni el rayo furtivo
de la cerradura
te herirán.
            Duerme.

Como mi corazón,
así tú,
espejo mío.
Jardín donde el amor
me espera.

Duérmete sin cuidado,
pero despierta,
cuando se muera el último
beso de mis labios.

Aire

El aire,
preñado de arcos iris,
rompe sus espejos
sobre la fronda.

Confusión

Mi corazón
¿es tu corazón?
¿Quién me refleja pensamientos?
¿Quién me presta
esta pasión
sin raíces?
¿Por qué cambia mi traje
de colores?
¡Todo es encrucijada!
¿Por qué ves en el cielo
tanta estrella?
¿Hermano, eres tú
o soy yo?
¿Y estas manos tan frías
son de aquél?
Me veo por los ocasos,
y un hormiguero de gente
anda por mi corazón.

Remanso

El búho
deja su meditación,
limpia sus gafas
y suspira.
Una luciérnaga
rueda monte abajo,
y una estrella
se corre.
El búho bate sus alas
y sigue meditando.

El regreso

Yo vuelvo
por mis alas.

¡Dejadme volver!

¡Quiero morirme siendo
amanecer!

¡Quiero morirme siendo
ayer!

Yo vuelvo
por mis alas.

¡Dejadme retornar!

Quiero morirme siendo
manantial.

Quiero morirme fuera
de la mar.

Corriente

El que camina
se enturbia.

El agua corriente
no ve las estrellas.

El que camina
se olvida.

Y el que se para
sueña.

Hacia...

Vuelve,
¡corazón!,
vuelve.

Por las selvas del amor
no verás gentes.
Tendrás claros manantiales.
En lo verde,
hallarás la rosa inmensa
del siempre.

Y dirás: ¡Amor!, ¡amor!,
sin que tu herida
se cierre.

Vuelve,
¡corazón mío!,
vuelve.

Recodo

Quiero volver a la infancia
y de la infancia a la sombra.

¿Te vas, ruiseñor?
Vete.

Quiero volver a la sombra
y de la sombra a la flor.

¿Te vas, aroma?
¡Vete!

Quiero volver a la flor
y de la flor
a mi corazón.

¿Te vas, amor?
¡Adiós!

(¡A mi desierto corazón!)

Despedida

Me despediré
en la encrucijada
para entrar en el camino
de mi alma.

Despertando recuerdos
y horas malas
llegaré al huertecillo
de mi canción blanca
y me echaré a temblar como
la estrella de la mañana.

Ráfaga

Pasaba mi niña,
¡qué bonita iba!,
con su vestidito
de muselina
y una mariposa
prendida.

¡Síguela, muchacho,
la vereda arriba!
Y si ves que llora
o medita,
píntale el corazón
con purpurina
y dile que no llore
si queda solita.

La selva de los relojes

Entré en la selva
de los relojes.

Frondas de tic-tac,
racimos de campanas
y bajo la hora múltiple,
constelaciones de péndulos.

Los lirios negros
de las horas muertas,
los lirios negros
de las horas niñas.
¡Todo igual!
¿Y el oro del amor?

Hay una hora tan sólo.
¡Una hora tan sólo!
¡La hora fría!

Maleza

Me interné
por la hora mortal.
Hora de agonizante
y de últimos besos.
Grave hora en que sueñan
las campanas cautivas.

Relojes de cuco,
sin cuco.
Estrella mohosa
y enormes mariposas
pálidas.

Entre el boscaje
de suspiros
el aristón
sonaba
que tenía cuando niño.

¡Por aquí has de pasar,
corazón!
¡Por aquí,
corazón!

Vista general

Toda la selva turbia
es una inmensa araña
que teje una red sonora
a la esperanza.
¡A la pobre virgen blanca
que se cría con suspiros y miradas!

Él

La verdadera esfinge
es el reloj.
Edipo nacerá de una pupila.

Limita al Norte
con el espejo
y al Sur
con el gato.
Doña Luna es una Venus.
(Esfera sin sabor.)
Los relojes nos traen
los inviernos.
(Golondrinas hieráticas
emigran el verano.)
La madrugada tiene
un pleamar de relojes
donde se ahoga el sueño.
Los murciélagos nacen
de las esferas
y el becerro los estudia
preocupado.
¿Cuándo será el crepúsculo
de todos los relojes?
¿Cuándo esas lunas blancas
se hundirán por los montes?

Eco del reloj

Me senté
en un claro del tiempo.
Era un remanso de silencio,
de un blanco
silencio.
Anillo formidable
donde los luceros

chocaban con los doce flotantes
números negros.

Meditación primera y última

El Tiempo
tiene color de noche.
De una noche quieta.
Sobre lunas enormes,
la Eternidad
está fija en las doce.
Y el Tiempo se ha dormido
para siempre en su torre.
Nos engañan
todos los relojes.
El Tiempo tiene ya
horizontes.

La hora esfinge

En tu jardín se abren
las estrellas malditas.
Nacemos bajo tus cuernos
y morimos.
¡Hora fría!
Pones un techo de piedra
a las mariposas líricas
y, sentada en el azul,
cortas alas
y límites.

[UNA... DOS... Y TRES]

Una... dos... y tres.
Sonó la hora en la selva.
El silencio
se llenó de burbujas
y un péndulo de oro
llevaba y traía
mi cara por el aire.
¡Sonó la hora en la selva!
Los relojes de bolsillo,
como bandadas de moscas,
iban y venían.

En mi corazón sonaba
el reloj sobredorado
de mi abuelita.

Cruz

Norte

Las estrellas frías
sobre los caminos.
Hay quien va y quien viene
por selvas de humo.
Las cabañas suspiran
bajo la aurora perpetua.
¡En el golpe
del hacha
valles y bosques tienen
un temblor de cisterna!
¡En el golpe
del hacha!

Sur

Sur,
espejismo,
reflejo.
Da lo mismo decir
estrella que naranja,
cauce que cielo.

¡Oh la flecha,
la flecha!
El Sur
es eso:
una flecha de oro,
¡sin blanco! sobre el viento.

Este

Escala de aroma
que baja
al Sur
(por grados conjuntos).

Oeste

Escala de luna
que asciende
al Norte
(cromática).

Tres crepúsculos

A Conchita, mi hermana

I

La tarde está
arrepentida
porque sueña
con el mediodía.
(Árboles rojos y nubes
sobre las colinas.)
La tarde soltó su verde
cabellera lírica
y tiembla dulcemente
... le fastidia
ser tarde habiendo sido
mediodía.

II

¡Ahora empieza la tarde!
¿Por qué? ¿Por qué?
... Ahora mismo
he visto al día inclinarse
como un lirio.
La flor de la mañana
dobla el tallo
... ahora mismo...
La raíz de la tarde
surge de lo sombrío.

III

¡Adiós, sol!

Bien sé que eres la luna,
pero yo
no lo diré a nadie,
sol.
Te ocultas
detrás del telón
y disfrazas tu rostro
con polvos de arroz.
De día, la guitarra
del labrador;
de noche, la mandolina
de Pierrot.
¡Qué más da!
Tu ilusión
es crear el jardín
multicolor.
¡Adiós, sol!
No olvides lo que te ama
el caracol,
la viejecilla
del balcón,
y yo...
que juego al trompo con mi...
corazón.

DE *POEMA DEL CANTE JONDO*

(1921-1931)

Baladilla de los tres ríos

A Salvador Quintero

El río Guadalquivir
va entre naranjos y olivos.
Los dos ríos de Granada
bajan de la nieve al trigo.

¡Ay, amor
que se fue y no vino!

El río Guadalquivir
tiene las barbas granates.
Los dos ríos de Granada,
uno llanto y otro sangre.

¡Ay, amor
que se fue por el aire!

Para los barcos de vela,
Sevilla tiene un camino;
por el agua de Granada
sólo reman los suspiros.

¡Ay, amor
que se fue y no vino!

Guadalquivir, alta torre
y viento en los naranjales.
Dauro y Genil, torrecillas
muertas sobre los estanques.

¡Ay, amor
que se fue por el aire!

¡Quién dirá que el agua lleva
un fuego fatuo de gritos!

¡Ay, amor
que se fue y no vino!

Lleva azahar, lleva olivas,
Andalucía, a tus mares.

¡Ay, amor
que se fue por el aire!

Poema de la siguiriya gitana

A Carlos Morla Vicuña

Paisaje

El campo
de olivos
se abre y se cierra
como un abanico.
Sobre el olivar
hay un cielo hundido
y una lluvia oscura
de luceros fríos.
Tiembla junco y penumbra
a la orilla del río.
Se riza el aire gris.
Los olivos,
están cargados
de gritos.
Una bandada
de pájaros cautivos,
que mueven sus larguísimas
colas en lo sombrío.

La guitarra

Empieza el llanto
de la guitarra.
Se rompen las copas
de la madrugada.

Empieza el llanto
de la guitarra.
Es inútil
callarla.
Es imposible
callarla.
Llora monótona
como llora el agua,
como llora el viento
sobre la nevada.
Es imposible
callarla.
Llora por cosas
lejanas.
Arena del Sur caliente
que pide camelias blancas.
Llora flecha sin blanco,
la tarde sin mañana,
y el primer pájaro muerto
sobre la rama.
¡Oh guitarra!
Corazón malherido
por cinco espadas.

El grito

La elipse de un grito,
va de monte
a monte.

Desde los olivos
será un arco iris negro
sobre la noche azul.
¡Ay!

Como un arco de viola,
el grito ha hecho vibrar
largas cuerdas del viento.

¡Ay!

(Las gentes de las cuevas
asoman sus velones.)

¡Ay!

El silencio

Oye, hijo mío, el silencio.
Es un silencio ondulado,
un silencio
donde resbalan valles y ecos
y que inclina las frentes
hacia el suelo.

El paso de la siguiriya

Entre mariposas negras,
va una muchacha morena
junto a una blanca serpiente
de niebla.

Tierra de luz,
cielo de tierra.
Va encadenada al temblor
de un ritmo que nunca llega;
tiene el corazón de plata
y un puñal en la diestra.

¿Adónde vas, siguiriya,
con un ritmo sin cabeza?
¿Qué luna recogerá
tu dolor de cal y adelfa?

Tierra de luz,
cielo de tierra.

Después de pasar

Los niños miran
un punto lejano.

Los candiles se apagan.
Unas muchachas ciegas
preguntan a la luna,
y por el aire ascienden
espirales de llanto.

Las montañas miran
un punto lejano.

Y DESPUÉS

Los laberintos
que crea el tiempo,
se desvanecen.
(Sólo queda
el desierto.)

El corazón,
fuente del deseo,
se desvanece.

(Sólo queda
el desierto.)

La ilusión de la aurora
y los besos,
se desvanecen.

Sólo queda
el desierto.
Un ondulado
desierto.

Poema de la soleá

A Jorge Zalamea

Tierra seca,
tierra quieta
de noches
inmensas.

(Viento en el olivar,
viento en la sierra.)

Tierra
vieja
del candil
y la pena.
Tierra
de las hondas cisternas.
Tierra
de la muerte sin ojos
y las flechas.

(Viento por los caminos.
Brisa en las alamedas.)

Pueblo

Sobre el monte pelado
un calvario.

Agua clara
y olivos centenarios.
Por las callejas
hombres embozados,
y en las torres
veletas girando.
Eternamente
girando.
¡Oh pueblo perdido,
en la Andalucía del llanto!

Puñal

El puñal
entra en el corazón,
como la reja del arado
en el yermo.

No.
No me lo claves.
No.

El puñal,
como un rayo de sol,
incendia las terribles
hondonadas.

No.
No me lo claves.
No.

Encrucijada

Viento del Este;
un farol
y el puñal
en el corazón.
La calle
tiene un temblor
de cuerda
en tensión,
un temblor
de enorme moscardón.
Por todas partes
yo
veo el puñal
en el corazón.

¡Ay!

El grito deja en el viento
una sombra de ciprés.

(Dejadme en este campo
llorando.)

Todo se ha roto en el mundo.
No queda más que el silencio.

(Dejadme en este campo
llorando.)

El horizonte sin luz
está mordido de hogueras.

(Ya os he dicho que me dejéis
en este campo
llorando.)

Sorpresa

Muerto se quedó en la calle
con un puñal en el pecho.
No lo conocía nadie.
¡Cómo temblaba el farol!
Madre.
¡Cómo temblaba el farolito
de la calle!
Era madrugada. Nadie
pudo asomarse a sus ojos
abiertos al duro aire.
Que muerto se quedó en la calle
que con un puñal en el pecho
y que no lo conocía nadie.

La soleá

Vestida con mantos negros
piensa que el mundo es chiquito
y el corazón es inmenso.

Vestida con mantos negros.

Piensa que el suspiro tierno
y el grito, desaparecen
en la corriente del viento.

Vestida con mantos negros.

Se dejó el balcón abierto
y al alba por el balcón
desembocó todo el cielo.

¡Ay yayayayay,
que vestida con mantos negros!

Cueva

De la cueva salen
largos sollozos.

(Lo cárdeno
sobre lo rojo.)

El gitano evoca
países remotos.

(Torres altas y hombres
misteriosos.)

En la voz entrecortada
van sus ojos.

(Lo negro
sobre lo rojo.)

Y la cueva encalada
tiembla en el oro.

(Lo blanco
sobre lo rojo.)

Encuentro

Ni tú ni yo estamos
en disposición
de encontrarnos.
Tú... por lo que ya sabes.
¡Yo la he querido tanto!
Sigue esa veredita.
En las manos,
tengo los agujeros
de los clavos.
¿No ves cómo me estoy
desangrando?
No mires nunca atrás,
vete despacio
y reza como yo
a san Cayetano,
que ni tú ni yo estamos
en disposición
de encontrarnos.

Alba

Campanas de Córdoba
en la madrugada.

Campanas de amanecer
en Granada.
Os sienten todas las muchachas
que lloran a la tierna
soleá enlutada.
Las muchachas
de Andalucía la alta
y la baja.
Las niñas de España,
de pie menudo
y temblorosas faldas,
que han llenado de luces
las encrucijadas.
¡Oh, campanas de Córdoba
en la madrugada,
y oh, campanas de amanecer
en Granada!

Poema de la saeta

A Francisco Iglesias

Arqueros

Los arqueros oscuros
a Sevilla se acercan.

Guadalquivir abierto.

Anchos sombreros grises,
largas capas lentas.

¡Ay, Guadalquivir!

Vienen de los remotos
países de la pena.

Guadalquivir abierto.

Y van a un laberinto.
Amor, cristal y piedra.

¡Ay, Guadalquivir!

Noche

Cirio, candil,
farol y luciérnaga.

La constelación
de la saeta.

Ventanitas de oro
tiemblan,
y en la aurora se mecen
cruces superpuestas.

Cirio, candil,
farol y luciérnaga.

SEVILLA

Sevilla es una torre
llena de arqueros finos.

Sevilla para herir,
Córdoba para morir.

Una ciudad que acecha
largos ritmos,
y los enrosca
como laberintos.
Como tallos de parra
encendidos.

¡Sevilla para herir!

Bajo el arco del cielo,
sobre su llano limpio,
dispara la constante
saeta de su río.

¡Córdoba para morir!

Y loca de horizonte
mezcla en su vino,
lo amargo de Don Juan
y lo perfecto de Dionisio.

Sevilla para herir.
¡Siempre Sevilla para herir!

Procesión

Por la calleja vienen
extraños unicornios.
¿De qué campo,
de qué bosque mitológico?
Más cerca,
ya parecen astrónomos.
Fantásticos Merlines
y el Ecce Homo,
Durandarte encantado,
Orlando furioso.

Paso

Virgen con miriñaque,
Virgen de la Soledad,
abierta como un inmenso
tulipán.
En tu barco de luces
vas

por la alta marea
de la ciudad,
entre saetas turbias
y estrellas de cristal.
Virgen con miriñaque,
tú vas
por el río de la calle,
¡hasta el mar!

Saeta

Cristo moreno
pasa
de lirio de Judea
a clavel de España.

¡Miradlo por dónde viene!

De España.
Cielo limpio y oscuro,
tierra tostada,
y cauces donde corre
muy lenta el agua.
Cristo moreno,
con las guedejas quemadas,
los pómulos salientes
y las pupilas blancas.

¡Miradlo por dónde va!

Balcón

La Lola
canta saetas.
Los toreritos
la rodean,
y el barberillo
desde su puerta,
sigue los ritmos
con la cabeza.
Entre la albahaca
y la hierbabuena,
la Lola canta
saetas.
La Lola aquella,
que se miraba
tanto en la alberca.

Madrugada

Pero como el amor
los saeteros
están ciegos.

Sobre la noche verde,
las saetas
dejan rastros de lirio
caliente.

La quilla de la luna
rompe nubes moradas

y las aljabas
se llenan de rocío.

¡Ay, pero como el amor
los saeteros
están ciegos!

DE *CANCIONES*

(1921-1927)

Canción de las siete doncellas

Teoría del arcoíris

Cantan las siete
doncellas.

(Sobre el cielo un arco
de ejemplos de ocaso.)

Alma con siete voces
las siete doncellas.

(En el aire blanco
siete largos pájaros.)

Mueren las siete
doncellas.

(¿Por qué no han sido nueve?
¿Por qué no han sido veinte?)

El río las trae,
nadie puede verlas.

Canción china en Europa

A mi ahijada Isabel Clara

La señorita
del abanico
va por el puente
del fresco río.

Los caballeros
con sus levitas
miran el puente
sin barandillas.

La señorita
del abanico
y los volantes
busca marido.

Los caballeros
están casados
con altas rubias
de idioma blanco.

Los grillos cantan
por el Oeste.

(La señorita
va por lo verde.)

Los grillos cantan
bajo las flores.

(Los caballeros
van por el Norte.)

[El lagarto está llorando]

A Mademoiselle Teresita Guillén
tocando su piano de seis notas

El lagarto está llorando.
La lagarta está llorando.

El lagarto y la lagarta
con delantaritos blancos.

Han perdido sin querer
su anillo de desposados.

¡Ay, su anillito de plomo,
ay, su anillito plomado!

Un cielo grande y sin gente
monta en su globo a los pájaros.

El sol, capitán redondo,
lleva un chaleco de raso.

¡Miradlos qué viejos son!
¡Qué viejos son los lagartos!

¡Ay, cómo lloran y lloran,
¡ay! ¡ay! cómo están llorando!

Canción tonta

Mamá.
Yo quiero ser de plata.

Hijo,
tendrás mucho frío.

Mamá.
Yo quiero ser de agua.

Hijo,
tendrás mucho frío.

Mamá.
Bórdame en tu almohada.

¡Eso sí!
¡Ahora mismo!

Canción de jinete

1860

En la luna negra
de los bandoleros,
cantan las espuelas.

Caballito negro.
¿Dónde llevas tu jinete muerto?

... Las duras espuelas
del bandido inmóvil
que perdió las riendas.

Caballito frío.
¡Qué perfume de flor de cuchillo!

En la luna negra,
sangraba el costado
de Sierra Morena.

Caballito negro.
¿Dónde llevas tu jinete muerto?

La noche espolea
sus negros ijares
clavándose estrellas.

Caballito frío.
¡Qué perfume de flor de cuchillo!

En la luna negra,
¡un grito! y el cuerno
largo de la hoguera.

Caballito negro.
¿Dónde llevas tu jinete muerto?

[Mi niña se fue a la mar]

Mi niña se fue a la mar,
a contar olas y chinas,
pero se encontró, de pronto,
con el río de Sevilla.

Entre adelfas y campanas
cinco barcos se mecían,
con los remos en el agua
y las velas en la brisa.

¿Quién mira dentro la torre
enjaezada, de Sevilla?
Cinco voces contestaban
redondas como sortijas.

El cielo monta gallardo
al río, de orilla a orilla.
En el aire sonrosado,
cinco anillos se mecían.

Canción de jinete

Córdoba.
Lejana y sola.

Jaca negra, luna grande,
y aceitunas en mi alforja.
Aunque sepa los caminos
yo nunca llegaré a Córdoba.

Por el llano, por el viento,
jaca negra, luna roja.
La muerte me está mirando
desde las torres de Córdoba.

¡Ay qué camino tan largo!
¡Ay mi jaca valerosa!
¡Ay que la muerte me espera,
antes de llegar a Córdoba!

Córdoba.
Lejana y sola.

[Arbolé arbolé]

Arbolé arbolé
seco y verdé.

La niña del bello rostro
está cogiendo aceituna.
El viento, galán de torres,
la prende por la cintura.

Pasaron cuatro jinetes
sobre jacas andaluzas
con trajes de azul y verde,
con largas capas oscuras.

«Vente a Córdoba, muchacha.»
La niña no los escucha.

Pasaron tres torerillos
delgaditos de cintura,
con trajes color naranja
y espadas de plata antigua.

«Vente a Sevilla, muchacha.»
La niña no los escucha.

Cuando la tarde se puso
morada, con luz difusa,
pasó un joven que llevaba
rosas y mirtos de luna.

«Vente a Granada, muchacha.»
Y la niña no lo escucha.

La niña del bello rostro
sigue cogiendo aceituna,
con el brazo gris del viento
ceñido por la cintura.

Arbolé, arbolé
seco y verdé.

Tres retratos con sombra

VERLAINE

La canción,
que nunca diré,
se ha dormido en mis labios.
La canción,
que nunca diré.

Sobre las madreselvas
había una luciérnaga,
y la luna picaba
con un rayo en el agua.

Entonces yo soñé,
la canción,
que nunca diré.

Canción llena de labios
y de cauces lejanos.

Canción llena de horas
perdidas en la sombra.

Canción de estrella viva
sobre un perpetuo día.

Baco

Verde rumor intacto.
La higuera me tiende sus brazos.

Como una pantera, su sombra,
acecha mi lírica sombra.

La luna cuenta los perros.
Se equivoca y empieza de nuevo.

Ayer, mañana. negro y verde,
rondas mi cerco de laureles.

¿Quién te querría como yo,
si me cambiaras el corazón?

... Y la higuera me grita y avanza
terrible y multiplicada.

Juan Ramón Jiménez

En el blanco infinito,
nieve, nardo y salina,
perdió su fantasía.

El color blanco, anda,
sobre una muda alfombra
de plumas de paloma.

Sin ojos ni ademán,
inmóvil sufre un sueño.
Pero tiembla por dentro.

En el blanco infinito,
¡qué pura y larga herida
dejó su fantasía!

En el blanco infinito.
Nieve. Nardo. Salina.

Venus

Así te vi

La joven muerta
en la concha de la cama,
desnuda de flor y brisa
surgía en la luz perenne.

Quedaba el mundo,
lirio de algodón y sombra,
asomado a los cristales
viendo el tránsito infinito.

La joven muerta,
surcaba el amor por dentro.
Entre la espuma de las sábanas
se perdía su cabellera.

Debussy

Mi sombra va silenciosa
por el agua de la acequia.

Por mi sombra están las ranas
privadas de las estrellas.

La sombra manda a mi cuerpo
reflejos de cosas quietas.

Mi sombra va como inmenso
cínife color violeta.

Cien grillos quieren dorar
la luz de la cañavera.

Una luz nace en mi pecho,
reflejado, de la acequia.

Narciso

Niño.
¡Que te vas a caer al río!

En lo hondo hay una rosa
y en la rosa hay otro río.

¡Mira aquel pájaro! ¡Mira
aquel pájaro amarillo!

Se me han caído los ojos
dentro del agua.

¡Dios mío!
¡Que se resbala! ¡Muchacho!

... y en la rosa estoy yo mismo.

Cuando se perdió en el agua,
comprendí. Pero no explico.

Canción del mariquita

El mariquita se peina
en su peinador de seda.

Los vecinos se sonríen
en sus ventanas postreras.

El mariquita organiza
los bucles de su cabeza.

Por los patios gritan loros,
surtidores y planetas.

El mariquita se adorna
con un jazmín sinvergüenza.

La tarde se pone extraña
de peines y enredaderas.

El escándalo temblaba
rayado como una cebra.

¡Los mariquitas del Sur,
cantan en las azoteas!

Despedida

Si muero,
dejad el balcón abierto.

El niño come naranjas.
(Desde mi balcón lo veo.)

El segador siega el trigo.
(Desde mi balcón lo siento.)

¡Si muero,
dejad el balcón abierto!

Suicidio

Quizá fue por no saberte la geometría.

El jovencito se olvidaba.
Eran las diez de la mañana.

Su corazón se iba llenando
de alas rotas y flores de trapo.

Notó que ya no le quedaba
en la boca más que una palabra.

Y al quitarse los guantes, caía,
de sus manos, suave ceniza.

Por el balcón se veía una torre.
Él se sintió balcón y torre.

Vio, sin duda, cómo le miraba
el reloj detenido en su caja.

Vio su sombra tendida y quieta
en el blanco diván de seda.

Y el joven rígido, geométrico,
con un hacha rompió el espejo.

Al romperlo, un gran chorro de sombra
inundó la quimérica alcoba.

De otro modo

La hoguera pone al campo de la tarde,
unas astas de ciervo enfurecido.
Todo el valle se tiende. Por sus lomos,
caracolea el vientecillo.

El aire cristaliza bajo el humo.
—Ojo de gato triste y amarillo—.
Yo en mis ojos, paseo por las ramas.
Las ramas se pasean por el río.

Llegan mis cosas esenciales.
Son estribillos de estribillos.
Entre los juncos y la baja tarde,
¡qué raro que me llame Federico!

Canción inútil

Rosa futura y vena contenida,
amatista de ayer y brisa de ahora mismo,
¡quiero olvidarlas!

Hombre y pez en sus medios, bajo cosas flotantes,
esperando en el alga o en la silla su noche,
¡quiero olvidarlas!

Yo.
¡Sólo yo!
Labrando la bandeja
donde no irá mi cabeza.
¡Sólo yo!

DE *PRIMER ROMANCERO GITANO*

(1924-1928)

Romance de la luna, luna

A Conchita García Lorca

La luna vino a la fragua
con su polisón de nardos.
El niño la mira, mira.
El niño la está mirando.
En el aire conmovido
mueve la luna sus brazos
y enseña, lúbrica y pura,
sus senos de duro estaño.
Huye luna, luna, luna.
Si vinieran los gitanos,
harían con tu corazón
collares y anillos blancos.
Niño, déjame que baile.
Cuando vengan los gitanos,
te encontrarán sobre el yunque
con los ojillos cerrados.
Huye luna, luna, luna,
que ya siento sus caballos.
Niño, déjame, no pises
mi blancor almidonado.

El jinete se acercaba
tocando el tambor del llano.
Dentro de la fragua el niño
tiene los ojos cerrados.

Por el olivar venían,
bronce y sueño, los gitanos.
Las cabezas levantadas
y los ojos entornados.

Cómo canta la zumaya,
¡ay cómo canta en el árbol!
Por el cielo va la luna
con un niño de la mano.

Dentro de la fragua lloran,
dando gritos, los gitanos.
El aire la vela, vela.
El aire la está velando.

Preciosa y el aire

A Dámaso Alonso

Su luna de pergamino
Preciosa tocando viene,
por un anfibio sendero
de cristales y laureles.
El silencio sin estrellas,
huyendo del sonsonete,
cae donde el mar bate y canta
su noche llena de peces.
En los picos de la sierra
los carabineros duermen
guardando las blancas torres
donde viven los ingleses.
Y los gitanos del agua
levantan por distraerse,
glorietas de caracolas
y ramas de pino verde.

*

Su luna de pergamino
Preciosa tocando viene.
Al verla se ha levantado
el viento, que nunca duerme.
San Cristobalón desnudo,
lleno de lenguas celestes,
mira a la niña tocando
una dulce gaita ausente.

Niña, deja que levante
tu vestido para verte.
Abre en mis dedos antiguos
la rosa azul de tu vientre.

Preciosa tira el pandero
y corre sin detenerse.
El viento-hombrón la persigue
con una espada caliente.

Frunce su rumor el mar.
Los olivos palidecen.
Cantan las flautas de umbría
y el liso gong de la nieve.

¡Preciosa, corre, Preciosa,
que te coge el viento verde!
¡Preciosa, corre, Preciosa!
¡Míralo por dónde viene!
Sátiro de estrellas bajas
con sus lenguas relucientes.

*

Preciosa, llena de miedo,
entra en la casa que tiene,
más arriba de los pinos,
el cónsul de los ingleses.

Asustados por los gritos
tres carabineros vienen,

sus negras capas ceñidas
y los gorros en las sienes.

El inglés da a la gitana
un vaso de tibia leche,
y una copa de ginebra
que Preciosa no se bebe.

Y mientras cuenta, llorando,
su aventura a aquella gente,
en las tejas de pizarra
el viento, furioso, muerde.

Romance sonámbulo

A Gloria Giner y a Fernando de los Ríos

Verde que te quiero verde.
Verde viento. Verdes ramas.
El barco sobre la mar
y el caballo en la montaña.
Con la sombra en la cintura,
ella sueña en su baranda
verde carne, pelo verde,
con ojos de fría plata.
Verde que te quiero verde.
Bajo la luna gitana,
las cosas la están mirando
y ella no puede mirarlas.

*

Verde que te quiero verde.
Grandes estrellas de escarcha
vienen con el pez de sombra
que abre el camino del alba.
La higuera frota su viento
con la lija de sus ramas,
y el monte, gato garduño,
eriza sus pitas agrias.
¿Pero quién vendrá? ¿Y por dónde?...
Ella sigue en su baranda
verde carne, pelo verde,
soñando en la mar amarga.

*

Compadre, quiero cambiar,
mi caballo por su casa,
mi montura por su espejo,
mi cuchillo por su manta.
Compadre, vengo sangrando,
desde los puertos de Cabra.
Si yo pudiera, mocito,
ese trato se cerraba.
Pero yo ya no soy yo,
ni mi casa es ya mi casa.
Compadre, quiero morir
decentemente en mi cama.
De acero, si puede ser,
con las sábanas de holanda.
¿No ves la herida que tengo
desde el pecho a la garganta?
Trescientas rosas morenas
lleva tu pechera blanca.
Tu sangre rezuma y huele
alrededor de tu faja.
Pero yo ya no soy yo.
Ni mi casa es ya mi casa.
Dejadme subir al menos
hasta las altas barandas,
¡dejadme subir!, dejadme
hasta las verdes barandas.
Barandales de la luna
por donde retumba el agua.

*

Ya suben los dos compadres
hacia las altas barandas.
Dejando un rastro de sangre.
Dejando un rastro de lágrimas.
Temblaban en los tejados
farolillos de hojalata.
Mil panderos de cristal,
herían la madrugada.

*

Verde que te quiero verde,
verde viento, verdes ramas.
Los dos compadres subieron.
El largo viento, dejaba
en la boca un raro gusto
de hiel, de menta y de albahaca.
¡Compadre! ¿Dónde está, dime?
¿Dónde está tu niña amarga?
¡Cuántas veces te esperó!
¡Cuántas veces te esperara
cara fresca, negro pelo,
en esta verde baranda!

*

Sobre el rostro del aljibe
se mecía la gitana.
Verde carne, pelo verde,

con ojos de fría plata.
Un carámbano de luna
la sostiene sobre el agua.
La noche se puso íntima
como una pequeña plaza.
Guardias civiles borrachos
en la puerta golpeaban.
Verde que te quiero verde.
Verde viento. Verdes ramas.
El barco sobre la mar.
Y el caballo en la montaña.

La casada infiel

A Lydia Cabrera y a su negrita

Y que yo me la llevé al río
creyendo que era mozuela,
pero tenía marido.

Fue la noche de Santiago
y casi por compromiso.
Se apagaron los faroles
y se encendieron los grillos.
En las últimas esquinas
toqué sus pechos dormidos,
y se me abrieron de pronto
como ramos de jacintos.
El almidón de su enagua
me sonaba en el oído,
como una pieza de seda
rasgada por diez cuchillos.
Sin luz de plata en sus copas
los árboles han crecido,
y un horizonte de perros
ladra muy lejos del río.

*

Pasadas las zarzamoras,
los juncos y los espinos,
bajo su mata de pelo
hice un hoyo sobre el limo.
Yo me quité la corbata.

Ella se quitó el vestido.
Yo el cinturón con revólver.
Ella sus cuatro corpiños.
Ni nardos ni caracolas
tienen el cutis tan fino,
ni los cristales con luna
relumbran con ese brillo.
Sus muslos se me escapaban
como peces sorprendidos,
la mitad llenos de lumbre,
la mitad llenos de frío.
Aquella noche corrí
el mejor de los caminos,
montado en potra de nácar
sin bridas y sin estribos.
No quiero decir, por hombre,
las cosas que ella me dijo.
La luz del entendimiento
me hace ser muy comedido.
Sucia de besos y arena,
yo me la llevé del río.
Con el aire se batían
las espadas de los lirios.

Me porté como quien soy.
Como un gitano legítimo.
La regalé un costurero
grande, de raso pajizo,
y no quise enamorarme
porque teniendo marido
me dijo que era mozuela
cuando la llevaba al río.

Romance de la pena negra

A José Navarro Pardo

Las piquetas de los gallos
cavan buscando la aurora,
cuando por el monte oscuro
baja Soledad Montoya.
Cobre amarillo, su carne,
huele a caballo y a sombra.
Yunques ahumados sus pechos,
gimen canciones redondas.
Soledad: ¿por quién preguntas
sin compaña y a estas horas?
Pregunte por quien pregunte,
dime: ¿a ti qué se te importa?
Vengo a buscar lo que busco,
mi alegría y mi persona.
Soledad de mis pesares,
caballo que se desboca,
al fin encuentra la mar
y se lo tragan las olas.
No me recuerdes el mar
que la pena negra, brota
en las tierras de aceituna
bajo el rumor de las hojas.
¡Soledad, qué pena tienes!
¡Qué pena tan lastimosa!
Lloras zumo de limón
agrio de espera y de boca.
¡Qué pena tan grande! Corro

mi casa como una loca,
mis dos trenzas por el suelo
de la cocina a la alcoba.
¡Qué pena! Me estoy poniendo
de azabache, carne y ropa.
¡Ay mis camisas de hilo!
¡Ay mis muslos de amapola!
Soledad: lava tu cuerpo
con agua de las alondras,
y deja tu corazón
en paz, Soledad Montoya.

*

Por abajo canta el río:
volante de cielo y hojas.
Con flores de calabaza,
la nueva luz se corona.
¡Oh pena de los gitanos!
Pena limpia y siempre sola.
¡Oh pena de cauce oculto
y madrugada remota!

Prendimiento de Antoñito el Camborio en el camino de Sevilla

A Margarita Xirgu

Antonio Torres Heredia,
hijo y nieto de Camborios,
con una vara de mimbre
va a Sevilla a ver los toros.
Moreno de verde luna
anda despacio y garboso.
Sus empavonados bucles
le brillan entre los ojos.
A la mitad del camino
cortó limones redondos,
y los fue tirando al agua
hasta que la puso de oro.
Y a la mitad del camino,
bajo las ramas de un olmo,
Guardia Civil caminera
lo llevó codo con codo.

*

El día se va despacio,
la tarde colgada a un hombro,
dando una larga torera
sobre el mar y los arroyos.
Las aceitunas aguardan
la noche de Capricornio,
y una corta brisa, ecuestre,

salta los montes de plomo.
Antonio Torres Heredia,
hijo y nieto de Camborios,
viene sin vara de mimbre
entre los cinco tricornios.

Antonio, ¿quién eres tú?
Si te llamaras Camborio,
hubieras hecho una fuente
de sangre, con cinco chorros.
Ni tú eres hijo de nadie,
ni legítimo Camborio.
¡Se acabaron los gitanos
que iban por el monte solos!
Están los viejos cuchillos
tiritando bajo el polvo.

*

A las nueve de la noche
lo llevan al calabozo,
mientras los guardias civiles
beben limonada todos.
Y a las nueve de la noche
le cierran el calabozo,
mientras el cielo reluce
como la grupa de un potro.

Muerte de Antoñito el Camborio

A José Antonio Rubio Sacristán

Voces de muerte sonaron
cerca del Guadalquivir.
Voces antiguas que cercan
voz de clavel varonil.
Les clavó sobre las botas
mordiscos de jabalí.
En la lucha daba saltos
jabonados de delfín.
Bañó con sangre enemiga
su corbata carmesí,
pero eran cuatro puñales
y tuvo que sucumbir.
Cuando las estrellas clavan
rejones al agua gris,
cuando los erales sueñan
verónicas de alhelí,
voces de muerte sonaron
cerca del Guadalquivir.

*

Antonio Torres Heredia.
Camborio de dura crin,
moreno de verde luna,
voz de clavel varonil:
¿Quién te ha quitado la vida
cerca del Guadalquivir?

Mis cuatro primos Heredias
hijos de Benamejí.
Lo que en otros no envidiaban,
ya lo envidiaban en mí.
Zapatos color corinto,
medallones de marfil,
y este cutis amasado
con aceituna y jazmín.
¡Ay Antoñito el Camborio,
digno de una Emperatriz!
Acuérdate de la Virgen
porque te vas a morir.
¡Ay Federico García!
llama a la Guardia Civil.
Ya mi talle se ha quebrado
como caña de maíz.

Tres golpes de sangre tuvo
y se murió de perfil.
Viva moneda que nunca
se volverá a repetir.
Un ángel marchoso pone
su cabeza en un cojín.
Otros de rubor cansado,
encendieron un candil.
Y cuando los cuatro primos
llegan a Benamejí,
voces de muerte cesaron
cerca del Guadalquivir.

Romance de la Guardia Civil española

A Juan Guerrero.
Cónsul general de la poesía

Los caballos negros son.
Las herraduras son negras.
Sobre las capas relucen
manchas de tinta y de cera.
Tienen, por eso no lloran,
de plomo las calaveras.
Con el alma de charol
vienen por la carretera.
Jorobados y nocturnos,
por donde animan ordenan
silencios de goma oscura
y miedos de fina arena.
Pasan, si quieren pasar,
y ocultan en la cabeza
una vaga astronomía
de pistolas inconcretas.

*

¡Oh ciudad de los gitanos!
En las esquinas banderas.
La luna y la calabaza
con las guindas en conserva.
¡Oh ciudad de los gitanos!
¿Quién te vio y no te recuerda?
Ciudad de dolor y almizcle
con las torres de canela.

*

Cuando llegaba la noche
noche que noche nochera,
los gitanos en sus fraguas
forjaban soles y flechas.
Un caballo malherido,
llamaba a todas las puertas.
Gallos de vidrio cantaban
por Jerez de la Frontera.
El viento, vuelve desnudo
la esquina de la sorpresa,
en la noche platinoche
noche, que noche nochera.

*

La Virgen y san José
perdieron sus castañuelas,
y buscan a los gitanos
para ver si las encuentran.
La Virgen viene vestida
con un traje de alcaldesa
de papel de chocolate
con los collares de almendras.
San José mueve los brazos
bajo una capa de seda.
Detrás va Pedro Domecq
con tres sultanes de Persia.
La media luna soñaba
un éxtasis de cigüeña.

Estandartes y faroles
invaden las azoteas.
Por los espejos sollozan
bailarinas sin caderas.
Agua y sombra, sombra y agua
por Jerez de la Frontera.

*

¡Oh ciudad de los gitanos!
En las esquinas banderas.
Apaga tus verdes luces
que viene la benemérita.
¡Oh ciudad de los gitanos!
¿Quién te vio y no te recuerda?
Dejadla lejos del mar,
sin peines para sus crenchas.

*

Avanzan de dos en fondo
a la ciudad de la fiesta.
Un rumor de siemprevivas
invade las cartucheras.
Avanzan de dos en fondo.
Doble nocturno de tela.
El cielo, se les antoja,
una vitrina de espuelas.

*

La ciudad libre de miedo
multiplicaba sus puertas.
Cuarenta guardias civiles
entran a saco por ellas.
Los relojes se pararon,
y el coñac de las botellas
se disfrazó de noviembre
para no infundir sospechas.
Un vuelo de gritos largos
se levantó en las veletas.
Los sables cortan las brisas
que los cascos atropellan.
Por las calles de penumbra,
huyen las gitanas viejas
con los caballos dormidos
y las orzas de monedas.
Por las calles empinadas
suben las capas siniestras,
dejando atrás fugaces
remolinos de tijeras.

En el Portal de Belén,
los gitanos se congregan.
San José, lleno de heridas,
amortaja a una doncella.
Tercos fusiles agudos
por toda la noche suenan.
La Virgen cura a los niños
con salivilla de estrella.
Pero la Guardia Civil
avanza sembrando hogueras,

donde joven y desnuda
la imaginación se quema.
Rosa la de los Camborios,
gime sentada en su puerta
con sus dos pechos cortados
puestos en una bandeja.
Y otras muchachas corrían
perseguidas por sus trenzas,
en un aire donde estallan
rosas de pólvora negra.
Cuando todos los tejados
eran surcos en la tierra,
el alba meció sus hombros
en largo perfil de piedra.

*

¡Oh ciudad de los gitanos!
La Guardia Civil se aleja
por un túnel de silencio
mientras las llamas te cercan.

¡Oh ciudad de los gitanos!
¿Quién te vio y no te recuerda?
Que te busquen en mi frente.
Juego de luna y arena.

DE *ODAS*

(1924-1929)

Oda a Salvador Dalí

Una rosa en el alto jardín que tú deseas.
Una rueda en la pura sintaxis del acero.
Desnuda la montaña de niebla impresionista.
Los grises oteando sus balaustradas últimas.

Los pintores modernos en sus blancos estudios
cortan la flor aséptica de la raíz cuadrada.
En las aguas del Sena un *ice-berg* de mármol
enfría las ventanas y disipa las yedras.

El hombre pisa fuerte las calles enlosadas.
Los cristales esquivan la magia del reflejo.
El Gobierno ha cerrado las tiendas de perfume.
La máquina eterniza sus compases binarios.

Una ausencia de bosques, biombos y entrecejos
yerra por los tejados de las casas antiguas.
El aire pulimenta su prisma sobre el mar
y el horizonte sube como un gran acueducto.

Marineros que ignoran el vino y la penumbra,
decapitan sirenas en los mares de plomo.
La Noche, negra estatua de la prudencia, tiene
el espejo redondo de la luna en su mano.

Un deseo de formas y límites nos gana.
Viene el hombre que mira con el metro amarillo.
Venus es una blanca naturaleza muerta
y los coleccionistas de mariposas huyen.

*

Cadaqués, en el fiel del agua y la colina,
eleva escalinatas y oculta caracolas.
Las flautas de madera pacifican el aire.
Un viejo dios silvestre da frutas a los niños.

Sus pescadores duermen, sin ensueño, en la arena.
En alta mar les sirve de brújula una rosa.
El horizonte virgen de pañuelos heridos
junta los grandes vidrios del pez y de la luna.

Una dura corona de blancos bergantines
ciñe frentes amargas y cabellos de arena.
Las sirenas convencen, pero no sugestionan,
y salen si mostramos un vaso de agua dulce.

*

¡Oh Salvador Dalí, de voz aceitunada!
No elogio tu imperfecto pincel adolescente
ni tu color que ronda la color de tu tiempo,
pero alabo tus ansias de eterno limitado.

Alma higiénica, vives sobre mármoles nuevos.
Huyes la oscura selva de formas increíbles.
Tu fantasía llega donde llegan tus manos,
y gozas el soneto del mar en tu ventana.

El mundo tiene sordas penumbras y desorden,
en los primeros términos que el humano frecuenta.

Pero ya las estrellas ocultando paisajes
señalan el esquema perfecto de sus órbitas.

La corriente del tiempo se remansa y ordena
en las formas numéricas de un siglo y otro siglo.
Y la Muerte vencida se refugia temblando
en el círculo estrecho del minuto presente.

Al coger tu paleta, con un tiro en un ala,
pides la luz que anima la copa del olivo.
Ancha luz de Minerva, constructora de andamios,
donde no cabe el sueño ni su flora inexacta.

Pides la luz antigua que se queda en la frente,
sin bajar a la boca ni al corazón del bosque.
Luz que temen las vides entrañables de Baco
y la fuerza sin orden que lleva el agua curva.

Haces bien en poner banderines de aviso
en el límite oscuro que relumbra de noche.
Como pintor no quieres que te ablande la forma
el algodón cambiante de una nube imprevista.

El pez en la pecera y el pájaro en la jaula.
No quieres inventarlos en el mar o en el viento.
Estilizas o copias después de haber mirado,
con honestas pupilas sus cuerpecillos ágiles.

Amas una materia definida y exacta
donde el hongo no pueda poner su campamento.
Amas la arquitectura que construye en lo ausente
y admites la bandera como una simple broma.

Dice el compás de acero su corto verso elástico.
Desconocidas islas desmiente ya la esfera.
Dice la línea recta su vertical esfuerzo
y los sabios cristales cantan sus geometrías.

*

Pero también la rosa del jardín donde vives.
¡Siempre la rosa, siempre, norte y sur de nosotros!
Tranquila y concentrada como una estatua ciega,
ignorante de esfuerzos soterrados que causa.

Rosa pura que limpia de artificios y croquis
y nos abre las alas tenues de la sonrisa.
(Mariposa clavada que medita su vuelo.)
Rosa del equilibrio sin dolores buscados.
¡Siempre la rosa!

*

¡Oh Salvador Dalí de voz aceitunada!
Digo lo que me dicen tu persona y tus cuadros.
No alabo tu imperfecto pincel adolescente,
pero canto la firme dirección de tus flechas.

Canto tu bello esfuerzo de luces catalanas,
tu amor a lo que tiene explicación posible.
Canto tu corazón astronómico y tierno,
de baraja francesa y sin ninguna herida.

Canto el ansia de estatua que persigues sin tregua,
el miedo a la emoción que te aguarda en la calle.
Canto la sirenita de la mar que te canta
montada en bicicleta de corales y conchas.

Pero ante todo canto un común pensamiento
que nos une en las horas oscuras y doradas.
No es el Arte la luz que nos ciega los ojos.
Es primero el amor, la amistad o la esgrima.

Es primero que el cuadro que paciente dibujas
el seno de Teresa, la de cutis insomne,
el apretado bucle de Matilde la ingrata,
nuestra amistad pintada como un juego de oca.

Huellas dactilográficas de sangre sobre el oro,
rayen el corazón de Cataluña eterna.
Estrellas como puños sin halcón te relumbren,
mientras que tu pintura y tu vida florecen.

No mires la clepsidra con alas membranosas,
ni la dura guadaña de las alegorías.
Viste y desnuda siempre tu pincel en el aire
frente a la mar poblada de barcos y marinos.

Soledad

Homenaje a fray Luis de León

Difícil delgadez:
¿Busca el mundo una blanca,
Total, perenne ausencia?

Jorge Guillén

Soledad pensativa
sobre piedra y rosal, muerte y desvelo,
donde libre y cautiva,
fija en su blanco vuelo,
canta la luz herida por el hielo.

Soledad con estilo
de silencio sin fin y arquitectura,
donde la flauta en vilo
del ave en la espesura,
no consigue clavar tu carne oscura.

En ti dejo olvidada
la frenética lluvia de mis venas,
mi cintura cuajada:
y rompiendo cadenas,
rosa débil seré por las arenas.

Rosa de mi desnudo
sobre paños de cal y sordo fuego,
cuando roto ya el nudo,
limpio de luna, y ciego,
cruce tus finas ondas de sosiego.

*

En la curva del río
el doble cisne su blancura canta.
Húmeda voz sin frío
fluye de su garganta,
y por los juncos rueda y se levanta.

Con su rosa de harina
niño desnudo mide la ribera,
mientras el bosque afina
su música primera
en rumor de cristales y madera.

Coros de siemprevivas
giran locos pidiendo eternidades.
Sus señas expresivas
hieren las dos mitades
del mapa que rezuma soledades.

El arpa y su lamento
prendido en nervios de metal dorado,
tanto dulce instrumento
resonante o delgado,
buscan ¡oh soledad! tu reino helado.

Mientras tú, inaccesible
para la verde lepra del sonido,
no hay altura posible
ni labio conocido
por donde llegue a ti nuestro gemido.

DE *POEMAS EN PROSA*

(1927-1934)

Santa Lucía y san Lázaro

A Sebastià Gasch

A las doce de la noche llegué a la ciudad. La escarcha bailaba sobre un pie. «Una muchacha puede ser morena, puede ser rubia, pero no debe ser ciega.» Esto decía el dueño del mesón a un hombre seccionado brutalmente por una faja. Los ojos de un mulo, que dormitaba en el umbral, me amenazaron como dos puños de azabache.

—Quiero la mejor habitación que tenga.

—Hay una.

—Pues vamos.

La habitación tenía un espejo. Yo, medio peine en el bolsillo. «Me gusta.» (Vi mi «Me gusta» en el espejo verde.) El posadero cerró la puerta. Entonces, vuelto de espaldas al helado campillo de azogue, exclamé otra vez: «Me gusta.» Abajo, el mulo resoplaba. Quiero decir que abría el girasol de su boca.

No tuve más remedio que meterme en la cama. Y me acosté. Pero tomé la precaución de dejar abiertos los postigos, porque no hay nada más hermoso que ver una estrella sorprendida y fija dentro de un marco. Una. Las demás hay que olvidarlas.

Esta noche tengo un cielo irregular y caprichoso. Las estrellas se agrupan y extienden en los cristales, como las tarjetas y retratos en el esterillo japonés.

Cuando me dormía, el exquisito minué de las buenas noches se iba perdiendo en las calles.

*

Con el nuevo sol, volvía mi traje gris a la plata del aire humedecido. El día de primavera era como una mano desmayada sobre un cojín. En la calle, las gentes iban y venían. Pasaron los vendedores de frutas y los que venden peces del mar.

Ni un pájaro.

Mientras sonaba mis anillos en los hierros del balcón busqué la ciudad en el mapa, y vi cómo permanecía dormida en el amarillo entre ricas venillas de agua, ¡distante del mar!

En el patio, el posadero y su mujer cantaban un dúo de espino y violeta. Sus voces oscuras, como dos topos huidos, tropezaban con las paredes sin encontrar la cuadrada salida del cielo.

Antes de salir a la calle para dar mi primer paseo, los fui a saludar.

—¿Por qué dijo usted anoche que una muchacha puede ser morena o rubia, pero no debe ser ciega?

El posadero y su mujer se miraron de una manera extraña.

Se miraron… equivocándose. Como el niño que se lleva a los ojos la cuchara llena de sopita. Después, rompieron a llorar.

Yo no supe qué decir y me fui apresuradamente.

En la puerta leí este letrero: *Posada de Santa Lucía.*

*

Santa Lucía fue una hermosa doncella de Siracusa.

La pintan con dos magníficos ojos de buey en una bandeja.

Sufrió martirio bajo el cónsul Pascasiano, que tenía los bigotes de plata y aullaba como un mastín.

Como todos los santos, planteó y resolvió teoremas deliciosos, ante los que rompen sus cristales los aparatos de Física.

Ella demostró en la plaza pública, ante el asombro del pueblo, que mil hombres y cincuenta pares de bueyes no pueden con la palomilla luminosa del Espíritu Santo. Su cuerpo, su cuerpazo, se puso de plomo comprimido. Nuestro Señor, seguramente, estaba sentado con cetro y corona sobre su cintura.

Santa Lucía fue moza adulta, de seno breve y cadera opulenta. Como todas las mujeres bravías, tuvo unos ojos demasiado grandes, hombrunos, con una desagradable luz oscura. Expiró en un lecho de llamas.

*

Era el cenit del mercado y la playa del día estaba llena de caracolas y tomates maduros. Ante la milagrosa fachada de la catedral, yo comprendía perfectamente cómo san Ramón Nonnato pudo atravesar el mar desde las Islas Baleares hasta Barcelona montado sobre su capa, y cómo el viejísimo Sol de la China se enfurece y salta como un gallo sobre las torres musicales hechas con carne de dragón.

Las gentes bebían cerveza en los bares y hacían cuentas de multiplicar en las oficinas, mientras los signos + y x de la Banca judía sostenían con la sagrada señal de la Cruz un combate oscuro, lleno por dentro de salitre y cirios apagados. La campana gorda de la catedral vertía sobre la urbe una lluvia de campanillas de cobre, que se clavaban en los tranvías entontecidos y en los nerviosos cuellos de los caballos. Había olvidado mi *baedeker* y mis gemelos de campaña y me puse a mirar la ciudad como se mira el mar desde la arena.

Todas las calles estaban llenas de tiendas de óptica. En las fachadas miraban grandes ojos de megaterio, ojos terribles, fuera de la órbita de almendra, que da intensidad a los humanos, pero que aspiraban a pasar inadvertida su monstruosidad, fingiendo parpadeos de Manueles, Eduarditos y Enriques. Gafas y vidrios ahumados buscaban la inmensa mano cortada de la guantería, poema en el aire, que suena, sangra y borbotea como la cabeza del Bautista.

La alegría de la ciudad se acababa de ir, y era como el niño recién suspendido en los exámenes. Había sido alegre, coronada de trinos y margenada de juncos hasta hacía pocas horas, en que la tristeza que afloja los cables de la electricidad y levanta las losas de los pórticos había invadido las calles con su rumor imperceptible de fondo de espejo. Me puse a llorar. Porque no hay nada más conmovedor que la tristeza nueva sobre las cosas regocijadas, todavía poco densa, para evitar que la alegría se transparente al fondo, llena de monedas con agujeros.

Tristeza recién llegada de los librillos de papel marca «El Paraguas», «El Automóvil» y «La Bicicleta»; tristeza del *Blanco y Negro* de 1910; tristeza de las puntillas bordadas en la enagua, y aguda tristeza de las grandes bocinas del fonógrafo.

Los aprendices de óptico limpiaban cristales de todos tamaños con gamuzas y papeles finos, produciendo un rumor de serpiente que se arrastra.

En la catedral, se celebraba la solemne novena a los ojos humanos de santa Lucía. Se glorificaba el exterior de las cosas, la belleza limpia y oreada de la piel, el encanto de las superficies delgadas, y se pedía auxilio contra las oscuras fisiologías del cuerpo, contra el fuego central y los embudos de la noche, levantando, bajo la cúpula sin pepitas, una lámina de cristal purísimo acribillada en todas direcciones por finos reflectores de oro. El mundo de la hierba se oponía al mundo del mineral. La uña, contra el corazón. Dios de contorno, transparencia y superficie. Con el miedo al latido y el horror al chorro de sangre, se pedía la tranquilidad de las ágatas y la desnudez sin sombra de la medusa.

Cuando entré en la catedral se cantaba la lamentación de las seis mil dioptrías, que sonaba y resonaba en las tres bóvedas llenas de jarcias, olas y vaivenes como tres batallas de Lepanto. Los ojos de la santa miraban en la bandeja con el dolor frío del animal a quien acaban de darle la puntilla.

Espacio y distancia. Vertical y horizontal. Relación entre tú y yo. ¡Ojos de santa Lucía! Las venas de las plantas de los pies duermen tendidas en sus lechos rosados, tranquilizadas por las dos pequeñas estrellas que arriba las alumbran. Dejamos nuestros ojos en la superficie como las flores acuáticas, y nos agazapamos detrás de ellos mientras flota en un mundo oscuro nuestra palpitante fisiología.

Me arrodillé.

Los chantres disparaban escopetazos desde el coro.

Mientras tanto había llegado la noche. Noche cerrada y brutal, como la cabeza de una mula con anteojeras de cuero.

En una de las puertas de salida estaba colgado el esqueleto de un pez antiguo; en otra, el esqueleto de un serafín, mecidos suavemente por el aire ovalado de las ópticas, que llegaba fresquísimo de manzana y orilla.

Era necesario comer y pregunté por la posada.

—Se encuentra usted muy lejos de ella. No olvide que la catedral está cerca de la estación del ferrocarril, y esa posada se halla situada al Sur, más abajo del río.

—Tengo tiempo de sobra.

*

Cerca estaba la estación del ferrocarril.

Plaza ancha, representativa de la emoción coja que arrastra la luna menguante, se abría al fondo, dura como las tres de la madrugada.

Poco a poco los cristales de las ópticas se fueron ocultando en sus pequeños ataúdes de cuero y níquel, en el silencio que descubría la sutil relación de pez, astro y gafas.

El que ha visto sus gafas solas bajo el claro de luna, o abandonó sus impertinentes en la playa, ha comprendido, como yo, esta delicada armonía (pez, astro, gafas) que se entrechoca sobre un inmenso mantel blanco recién mojado de *champagne*.

Pude componer perfectamente hasta ocho naturalezas muertas con los ojos de santa Lucía.

Ojos de santa Lucía sobre las nubes, en primer término, con un aire del que se acaban de marchar los pájaros.

Ojos de santa Lucía en el mar, en la esfera del reloj, a los lados del yunque, en el gran tronco recién cortado.

Se pueden relacionar con el desierto, con las grandes superficies intactas, con un pie de mármol, con un termómetro, con un buey.

No se pueden unir con las montañas, ni con la rueca, ni con el sapo, ni con las materias algodonosas. Ojos de santa Lucía.

Lejos de todo latido y lejos de toda pesadumbre. Permanentes. Inactivos. Sin oscilación ninguna. Viendo cómo huyen todas las cosas envueltos en su difícil temperatura eterna. Merecedores de la bandeja que les da realidad, y levantados como los pechos de Venus, frente al monóculo lleno de ironía que usa el enemigo malo.

*

Eché a andar nuevamente, impulsado por mis suelas de goma.

Me coronaba un magnífico silencio, rodeado de pianos de cola por todas partes. En la oscuridad, dibujado con bombillas eléctricas, se podía leer sin esfuerzo ninguno: *Estación de San Lázaro*.

*

San Lázaro nació palidísimo. Despedía olor de oveja mojada. Cuando le daban azotes, echaba terroncitos de azúcar por la boca. Percibía los menores ruidos. Una vez confesó a su madre que podía contar en la madrugada, por sus latidos, todos los corazones que había en la aldea.

Tuvo predilección por el silencio de otra órbita que arrastran los peces, y se agachaba lleno de terror siempre que pasaba por un arco. Después de resucitar inventó el ataúd, el cirio, las luces de magnesio y las estaciones de ferrocarril. Cuando murió estaba duro y laminado como un pan de plata. Su alma iba detrás, desvirgada ya por el otro mundo, llena de fastidio, con un junco en la mano.

*

El tren correo había salido a las doce de la noche.

Yo tenía necesidad de partir en el expreso de las dos de la madrugada.

Entradas de cementerios y andenes.

El mismo aire, el mismo vacío, los mismos cristales rotos.

Se alejaban los raíles latiendo en su perspectiva de teorema, muertos y tendidos como el brazo de Cristo en la Cruz.

Caían de los techos en sombra yertas manzanas de miedo.

En la sastrería vecina, las tijeras cortaban incesantemente piezas de hilo blanco.

Tela para cubrir desde el pecho agostado de la vieja hasta la cuna del niño recién nacido.

Por el fondo llegaba otro viajero. Un solo viajero.

Vestía un traje blanco de verano con botones de nácar, y llevaba puesto un guardapolvo del mismo color. Bajo su jipi recién lavado brillaban sus grandes ojos mortecinos entre su nariz afilada.

Su mano derecha era de duro yeso, y llevaba, colgado del brazo, un cesto de mimbre lleno de huevos de gallina.

No quise dirigirle la palabra.

Parecía preocupado y como esperando que lo llamasen. Se defendía de su aguda palidez con su barba de Oriente, barba que era el luto por su propio tránsito.

Un realísimo esquema mortal ponía en mi corbata iniciales de níquel.

Aquella noche era la noche de fiesta en la cual toda España se agolpa en las barandillas, para observar un toro negro que mira al cielo melancólicamente y brama de cuatro en cuatro minutos.

El viajero estaba en el país que le convenía y en la noche a propósito para su afán de perspectivas, aguardando tan sólo el toque del alba para huir en pos de las voces que necesariamente habían de sonar.

La noche española, noche de almagre y clavos de hierro, noche bárbara, con los pechos al aire, sorprendida por un telescopio único, agradaba al viajero enfriado. Gustaba su profundidad increíble donde fracasa la sonda, y se complacía en hundir sus pies en el lecho de cenizas y arena ardiente sobre la que descansaba.

El viajero andaba por el andén con una lógica de pez en el agua o de mosca en el aire; iba y venía, sin observar las largas paralelas tristes de los que esperan el tren.

Le tuve gran lástima, porque sabía que estaba pendiente de una voz, y estar pendiente de una voz es como estar sentado en la guillotina de la Revolución francesa.

Tiro en la espalda, telegrama imprevisto, sorpresa. Hasta que el lobo cae en la trampa, no tiene miedo. Se disfruta el silencio y se gusta el latido de las venas. Pero esperar una sorpresa es convertir un instante, siempre fugaz, en un gran globo morado que permanece y llena toda la noche.

El ruido de un tren se acercaba confuso como una paliza.

Yo cogí mi maleta, mientras el hombre del traje blanco miraba en todas direcciones.

Al fin, una voz clara, estambre de un altavoz autoritario, clamó al fondo de la estación: «¡Lázaro! ¡Lázaro! ¡Lázaro!». Y el viajero echó a correr dócil, lleno de unción, hasta perderse en los últimos faroles.

En el instante de oír la voz: «¡Lázaro! ¡Lázaro! ¡Lázaro!», se me llenó la boca de mermelada de higuera.

*

Hace unos momentos que estoy en casa.

Sin sorpresa he hallado mi maletín vacío. Sólo unas gafas y un blanquísimo guardapolvo. Dos temas de viaje. Puros y aislados. Las gafas, sobre la mesa, llevaban al máximo su dibujo concreto y su fijeza extraplana. El guardapolvo se desmayaba en la silla en su siempre última actitud, con una lejanía poco humana ya, lejanía bajo cero de pez ahogado. Las gafas iban hacia un teorema geométrico de demostración exacta, y el guardapolvo se arrojaba a un mar lleno de naufragios y verdes resplandores súbitos. Gafas y guardapolvo. En la mesa y en la silla. Santa Lucía y san Lázaro.

Nadadora sumergida

Pequeño homenaje a un cronista de salones

Yo he amado a dos mujeres que no me querían, y sin embargo no quise degollar a mi perro favorito. ¿No os parece, condesa, mi actitud una de las más puras que se pueden adoptar?

Ahora sé lo que es despedirse para siempre. El abrazo diario tiene brisa de molusco.

Este último abrazo de mi amor fue tan perfecto, que la gente cerró los balcones con sigilo. No me haga usted hablar, condesa. Yo estoy enamorado de una mujer que tiene medio cuerpo en la nieve del norte. Una mujer amiga de los perros y fundamentalmente enemiga mía.

Nunca pude besarla a gusto. Se apagaba la luz, o ella se disolvía en el frasco de whisky. Yo entonces no era aficionado a la ginebra inglesa. Imagine usted, amiga mía, la calidad de mi dolor.

Una noche, el demonio puso horribles mis zapatos. Eran las tres de la madrugada. Yo tenía un bisturí atravesado en mi garganta y ella un largo pañuelo de seda. Miento. Era la cola de un caballo. La cola del invisible caballo que me había de arrastrar. Condesa: hace usted bien en apretarme la mano.

Empezamos a discutir. Yo me hice un arañazo en la frente y ella con gran destreza partió el cristal de su mejilla. Entonces nos abrazamos.

Ya sabe usted lo demás.

La orquesta lejana luchaba de manera dramática con las hormigas volantes.

Madame Barthou hacía irresistible la noche con sus enfermos diamantes del Cairo y el traje violeta de Olga Montcha acusaba, cada minuto más palpable, su amor por el muerto zar.

Margarita Gross y la españolísima Lola Cabeza de Vaca llevaban contadas más de mil olas sin ningún resultado.

En la costa francesa empezaban a cantar los asesinos de los marineros y los que roban la sal a los pescadores.

Condesa: aquel último abrazo tuvo tres tiempos y se desarrolló de manera admirable.

Desde entonces dejé la literatura vieja que yo había cultivado con gran éxito.

Es preciso romperlo todo para que los dogmas se purifiquen y las normas tengan nuevo temblor.

Es preciso que el elefante tenga ojos de perdiz y la perdiz pezuñas de unicornio.

Por un abrazo sé yo todas estas cosas y también por este gran amor que me desgarra el chaleco de seda.

¿No oye usted el vals americano? En Viena hay demasiados helados de turrón y demasiado intelectualismo. El vals americano es perfecto como una Escuela Naval. ¿Quiere usted que demos una vuelta por el baile?

*

A la mañana siguiente fue encontrada en la playa la Condesa de X con un tenedor de ajenjo clavado en la nuca. Su muerte debió de ser instantánea. En la arena se encontró un papelito manchado de sangre que decía así: «Puesto que no te puedes convertir en paloma, bien muerta estás».

Los policías suben y bajan las dunas montados en bicicletas.

Se asegura que la bella condesa X era muy aficionada a la natación, y que ésta ha sido la causa de su muerte.

De todas maneras podemos afirmar que se ignora el nombre de su maravilloso asesino.

Amantes asesinados por una perdiz

—Los dos lo han querido —me dijo su madre. —Los dos...

—No es posible, señora —dije yo—. Usted tiene demasiado temperamento y a su edad ya se sabe por qué caen los alfileres del rocío.

—Calle usted, Luciano, calle usted... No, no, Luciano, no.

—Para resistir este nombre, necesito contener el dolor de mis recuerdos. ¿Y usted cree que aquella pequeña dentadura y esa mano de niño que se han dejado olvidada dentro de la ola, me pueden consolar de esta tristeza?

—Los dos lo han querido —me dijo su prima—. Los dos.

Me puse a mirar el mar y lo comprendí todo.

¿Será posible que del pico de esa paloma cruelísima que tiene corazón de elefante salga la palidez lunar de aquel trasatlántico que se aleja?

—Recuerdo que tuve que hacer varias veces uso de mi cuchara para defenderme de los lobos. Yo no tengo culpa ninguna; usted lo sabe. ¡Dios mío! Estoy llorando.

—Los dos lo han querido —dije yo—. Los dos. Una manzana será siempre un amante, pero un amante no podrá ser jamás una manzana.

—Por eso se han muerto, por eso. Con veinte ríos y un solo invierno desgarrado.

—Fue muy sencillo. Se amaban por encima de todos los museos.

Mano derecha,
con mano izquierda.
Mano izquierda,
con mano derecha.
Pie derecho,
con pie derecho.
Pie izquierdo,
con nube.
Cabello,
con planta de pie.
Planta de pie,
con mejilla izquierda.

¡Oh, mejilla izquierda! ¡Oh, noroeste de barquitos y hormigas de mercurio! Dame el pañuelo, Genoveva; voy a llorar... Voy a llorar hasta que de mis ojos salga una muchedumbre de siempreviviras... Se acostaban.

No había otro espectáculo más tierno...

¿Me ha oído usted?

¡Se acostaban!

Muslo izquierdo,
con antebrazo izquierdo.
Ojos cerrados,
con uñas abiertas.
Cintura, con nuca,
y con playa.

Y las cuatro orejitas eran cuatro ángeles en la choza de la nieve. Se querían. Se amaban. A pesar de la ley de la gravedad. La diferencia que existe entre una espina de rosa y una *star* es sencillísima.

Cuando descubrieron esto, se fueron al campo.

—Se amaban.

¡Dios mío! Se amaban ante los ojos de los químicos.

Espalda, con tierra,
tierra, con anís.
Luna, con hombro dormido.

Y las cinturas se entrecruzaban con un rumor de vidrios.

Yo vi temblar sus mejillas cuando los profesores de la Universidad les traían miel y vinagre en una esponja diminuta. Muchas veces tenían que espantar a los perros que gemían por las yedras blanquísimas del lecho. Pero ellos se amaban.

Eran un hombre y una mujer,
o sea,
un hombre
y un pedacito de tierra,
un elefante
y un niño,
un niño y un junco.
Eran dos mancebos desmayados
y una pierna de níquel.
¡Eran los barqueros!
Sí.

Eran los terribles barqueros del Guadiana que machacan con sus remos todas las rosas del mundo.

El viejo marino escupió el tabaco de su boca y dio grandes voces para espantar a las gaviotas. Pero ya era demasiado tarde.

Cuando las mujeres enlutadas llegaron a casa del gobernador, éste comía tranquilamente almendras verdes y pescados fríos en un exquisito plato de oro. Era preferible no haber hablado con él.

En las islas Azores.

Casi no puedo llorar.

Yo puse dos telegramas, pero desgraciadamente ya era tarde.

Muy tarde.

Sólo sé deciros que dos niños que pasaban por la orilla del bosque vieron una perdiz que echaba un hilito de sangre por el pico.

Ésta es la causa, querido capitán, de mi extraña melancolía.

Degollación de los Inocentes

Tris tras. Zig zag, rig rag, milg malg. La piel era tan tierna que salía íntegra. Niños y nueces recién cuajados.

Los guerreros tenían raíces milenarias y el cielo cabelleras mecidas por el aliento de los anfibios. Era preciso cerrar las puertas. Pepito. Manolito. Enriquito. Eduardito. Jaimito. Emilito.

Cuando se vuelvan locas las madres querrán construir una fábrica de sombreros de pórfido, pero no podrán nunca con esta crueldad atenuar la ternura de sus pechos derramados. Se arrollaban las alfombras. El aguijón de la abeja hacía posible el manejo de la espada.

Era necesario el crujir de huesos y el romper las presas de los ríos.

Una jofaina y basta. Pero una jofaina que no se asuste del chorro interminable, que ha de sonar durante tres días.

Subían a las torres y descendían hasta las caracolas. Una luz de clínica venció al fin a la luz untosa del hospital. Ya era posible operar con todas garantías. Yodoformo y violeta, algodón y plata de otro mundo. ¡Vayan entrando! Hay personas que se arrojan desde las torres a los patios y otras desesperadas que se clavan tachuelas en las rodillas. La luz de la mañana era cortante y el viento aceitoso hacía posible la herida menos esperada.

Jorgito. Alvarito. Guillermito. Leopoldito. Julito. Joseíto. Luisito. Inocentes. El acero necesita calores para crear las nebulosas y ¡vamos a la hoja incansable! Es mejor ser medusa y flotar que ser niño. ¡Alegrísima degollación! Función lógica de la sangre sin luz que sangra sus paredes.

Venían por las calles más alejadas. Cada perro llevaba un piececito en la boca. El pianista loco recogía uñas rosadas para construir un piano sin emoción y los rebaños balaban con los cuellos partidos.

Es necesario tener doscientos hijos y entregarlos a la degollación. Solamente de esta manera sería posible la autonomía del lirio silvestre.

¡Venid! ¡Venid! Aquí está mi hijo tiernísimo, mi hijo de cuello fácil. En el rellano de la escalera lo degollarás fácilmente.

Dicen que se está inventando la navaja eléctrica para reanimar la operación.

¿Os acordáis del ruiseñor con las dos patitas rotas? Estaba entre los insectos, creadores de los estremecimientos y las salivillas. Puntas de aguja. Y rayas de araña sobre las constelaciones. Da verdadera risa pensar en lo fría que está el agua. Agua fría por las arenas, cielos fríos y lomos de caimanes. Aquí en las calles corre lo más escondido, lo más gustoso, lo que tiñe los dientes y pone pálidas las uñas. Sangre. Con toda la fuerza de su g.

Si meditamos y somos llenos de piedad verdadera daremos la degollación como una de las grandes obras de misericordia. Misericordia de la sangre ciega que quiere, siguiendo la ley de su naturaleza, desembocar en el mar. No hubo siquiera una voz. El jefe de los hebreos atravesó la plaza para calmar a la multitud.

A las seis de la tarde ya no quedaban más que seis niños por degollar. Los relojes de arena seguían sangrando, pero ya estaban secas todas las heridas.

Toda la sangre estaba ya cristalizada cuando comenzaron a surgir los faroles. Nunca será en el mundo otra noche igual. Noche de vidrios y manecitas heladas.

Los senos se llenaban de leche inútil.

La leche maternal y la luna sostuvieron la batalla contra la sangre triunfadora. Pero la sangre ya se había adueñado de los mármoles y allí clavaba sus últimas raíces enloquecidas.

DE *POETA EN NUEVA YORK*

(1929-1936)

Vuelta de paseo

Asesinado por el cielo.
Entre las formas que van hacia la sierpe
y las formas que buscan el cristal,
dejaré caer mis cabellos.

Con el árbol de muñones que no canta
y el niño con el blanco rostro de huevo.

Con los animalitos de cabeza rota
y el agua harapienta de los pies secos.

Con todo lo que tiene cansancio sordomudo
y mariposa ahogada en el tintero.

Tropezando con mi rostro distinto de cada día.
¡Asesinado por el cielo!

1910
Intermedio

Aquellos ojos míos de mil novecientos diez
no vieron enterrar a los muertos
ni la feria de ceniza del que llora por la madrugada
ni el corazón que tiembla arrinconado como un
caballito de mar.

Aquellos ojos míos de mil novecientos diez
vieron la blanca pared donde orinaban las niñas,
el hocico del toro, la seta venenosa
y una luna incomprensible que iluminaba por los
rincones
los pedazos de limón seco bajo el negro duro de las
botellas.

Aquellos ojos míos en el cuello de la jaca,
en el seno traspasado de santa Rosa dormida,
en los tejados del amor con gemidos y frescas manos,
en un jardín donde los gatos se comían a las ranas.

Desván donde el polvo viejo congrega estatuas y musgos.
Cajas que guardan silencios de cangrejos devorados.
En el sitio donde el sueño tropezaba con su realidad.
Allí mis pequeños ojos.

No preguntarme nada. He visto que las cosas
cuando buscan su pulso encuentran su vacío.
Hay un dolor de huecos por el aire sin gente
y en mis ojos criaturas vestidas ¡sin desnudo!

Norma y paraíso de los negros

Odian la sombra del pájaro
sobre el pleamar de la blanca mejilla
y el conflicto de luz y viento
en el salón de la nieve fría.

Odian la flecha sin cuerpo,
el pañuelo exacto de la despedida,
la aguja que mantiene presión y rosa
en el gramíneo rubor de la sonrisa.

Aman el azul desierto,
las vacilantes expresiones bovinas,
la mentirosa luna de los polos,
la danza curva del agua en la orilla.

Con la ciencia del tronco y del rastro
llenan de nervios luminosos la arcilla
y patinan lúbricos por aguas y arenas
gustando la amarga frescura de su milenaria saliva.

Es por el azul crujiente,
azul sin un gusano ni una huella dormida,
donde los huevos de avestruz quedan eternos
y deambulan intactas las lluvias bailarinas.

Es por el azul sin historia,
azul de una noche sin temor de día,
azul donde el desnudo del viento va quebrando
los camellos sonámbulos de las nubes vacías.

Es allí donde sueñan los torsos bajo la gula de la hierba.
Allí los corales empapan la desesperación de la tinta,
los durmientes borran sus perfiles bajo la madeja de
los caracoles
y queda el hueco de la danza sobre las últimas cenizas.

El rey de Harlem

Con una cuchara de palo
arrancaba los ojos a los cocodrilos
y golpeaba el trasero de los monos.
Con una cuchara de palo.

Fuego de siempre dormía en los pedernales
y los escarabajos borrachos de anís
olvidaban el musgo de las aldeas.

Aquel viejo cubierto de setas
iba al sitio donde lloraban los negros
mientras crujía la cuchara del rey
y llegaban los tanques de agua podrida.

Las rosas huían por los filos
de las últimas curvas del aire
y en los montones de azafrán
los niños machacaban pequeñas ardillas
con un rubor de frenesí manchado.

Es preciso cruzar los puentes
y llegar al rubor negro
para que el perfume de pulmón
nos golpee las sienes con su vestido
de caliente piña.

Es preciso matar al rubio vendedor de aguardiente,
a todos los amigos de la manzana y la arena;
y es necesario dar con los puños cerrados

a las pequeñas judías que tiemblan llenas de burbujas,
para que el rey de Harlem cante con su muchedumbre,
para que los cocodrilos duerman en largas filas,
bajo el amianto de la luna,
y para que nadie dude de la infinita belleza
de los plumeros, los ralladores, los cobres y las cacerolas
de las cocinas.

¡Ay, Harlem! ¡Ay, Harlem! ¡Ay, Harlem!
No hay angustia comparable a tus rojos oprimidos,
a tu sangre estremecida dentro del eclipse oscuro,
a tu violencia granate sordomuda en la penumbra,
a tu gran rey prisionero en un traje de conserje.

*

Tenía la noche una hendidura y quietas salamandras
de marfil.
Las muchachas americanas
llevaban niños y monedas en el vientre
y los muchachos se desmayaban en la cruz del desperezo.

Ellos son.
Ellos son los que beben el whisky de plata junto a los
volcanes
y tragan pedacitos de corazón por las heladas montañas
del oso.

Aquella noche el rey de Harlem, con una durísima
cuchara,
le arrancaba los ojos a los cocodrilos

y golpeaba el trasero de los monos.
Con una durísima cuchara.

Los negros lloraban confundidos
entre paraguas y soles de oro;
los mulatos estiraban gomas, ansiosos de llegar al torso
blanco,
y el viento empañaba espejos
y quebraba las venas de los bailarines.

¡Negros! ¡Negros! ¡Negros! ¡Negros!
La sangre no tiene puertas en vuestra noche boca arriba.
No hay rubor. Sangre furiosa por debajo de las pieles,
viva en la espina del puñal y en el pecho de los paisajes,
bajo las pinzas y las retamas de la celeste luna de Cáncer.

Sangre que busca por mil caminos muertes enharinadas
y ceniza de nardo,
cielos yertos, en declive, donde las colonias de planetas
rueden por las playas, con los objetos abandonados.

Sangre que mira lenta con el rabo del ojo,
hecha de espartos exprimidos y néctares de subterráneos.
Sangre que oxida el alisio descuidado en una huella
y disuelve a las mariposas en los cristales de la ventana.

Es la sangre que viene, que vendrá
por los tejados y azoteas, por todas partes,
para quemar la clorofila de las mujeres rubias,
para gemir al pie de las camas, ante el insomnio de los
lavabos,
y estrellarse en una aurora de tabaco y bajo amarillo.

¡Hay que huir!,
huir por las esquinas y encerrarse en los últimos pisos,
porque el tuétano del bosque penetrará por las rendijas
para dejar en vuestra carne una leve huella de eclipse
y una falsa tristeza de guante desteñido y rosa química.

*

Es por el silencio sapientísimo
cuando los cocineros y los camareros y los que limpian
    con la lengua
las heridas de los millonarios
buscan al rey por las calles o en los ángulos del salitre.

Un viento sur de madera oblicuo en el negro fango
escupe a las barcas rotas y se clava puntillas en los
    hombros.
Un viento sur que lleva
colmillos, girasoles, alfabetos,
y una pila de Volta con avispas ahogadas.

El olvido estaba expresado por tres gotas de tinta sobre
    el monóculo.
El amor, por un solo rostro invisible a flor de piedra.
Médulas y corolas componían sobre las nubes
un desierto de tallos, sin una sola rosa.

*

A la izquierda, a la derecha, por el Sur y por el Norte,
se levanta el muro impasible

para el topo y la aguja del agua.
No busquéis, negros, su grieta
para hallar la máscara infinita.
Buscad el gran sol del centro
hechos una piña zumbadora.
El sol que se desliza por los bosques
seguro de no encontrar una ninfa.
El sol que destruye números y no ha cruzado nunca un
    sueño,
el tatuado sol que baja por el río
y muge seguido de caimanes.

¡Negros! ¡Negros! ¡Negros! ¡Negros!
Jamás sierpe, ni cebra, ni mula,
palidecieron al morir.
El leñador no sabe cuándo expiran
los clamorosos árboles que corta.
Aguardad bajo la sombra vegetal de vuestro rey
a que cicutas y cardos y ortigas turben postreras azoteas.

Entonces, negros, entonces, entonces,
podréis besar con frenesí las ruedas de las bicicletas,
poner parejas de microscopios en las cuevas de las
    ardillas
y danzar al fin, sin duda, mientras las flores erizadas
asesinan a nuestro Moisés casi en los juncos del cielo.

¡Ay, Harlem disfrazada!
¡Ay Harlem, amenazada por un gentío de trajes sin
    cabeza!
Me llega tu rumor.

Me llega tu rumor atravesando troncos y ascensores,
a través de láminas grises
donde flotan tus automóviles cubiertos de dientes,
a través de los caballos muertos y los crímenes diminutos,
a través de tu gran rey desesperado
cuyas barbas llegan al mar.

Iglesia abandonada

Balada de la Gran Guerra

Yo tenía un hijo que se llamaba Juan.
Yo tenía un hijo.
Se perdió por los arcos un viernes de todos los muertos.
Lo vi jugar en las últimas escaleras de la misa,
y echaba un cubito de hojalata en el corazón del
sacerdote.
He golpeado los ataúdes. ¡Mi hijo! ¡Mi hijo! ¡Mi hijo!
Saqué una pata de gallina por detrás de la luna y, luego,
comprendí que mi niña era un pez
por donde se alejan las carretas.
Yo tenía una niña.
Yo tenía un pez muerto bajo la ceniza de los incensarios.
Yo tenía un mar. ¿De qué? ¡Dios mío! ¡Un mar!
Subí a tocar las campanas, pero las frutas tenían gusanos
y las cerillas apagadas
se comían los trigos de la primavera.
Yo vi la transparente cigüeña de alcohol
mondar las negras cabezas de los soldados agonizantes
y vi las cabañas de goma
donde giraban las copas llenas de lágrimas.
En las anémonas del ofertorio te encontraré, ¡corazón
mío!,
cuando el sacerdote levanta la mula y el buey con sus
fuertes brazos
para espantar los sapos nocturnos que rondan los helados
paisajes del cáliz.
Yo tenía un hijo que era un gigante,
pero los muertos son más fuertes y saben devorar
pedazos de cielo.

Si mi niño hubiera sido un oso
yo no temería el sigilo de los caimanes,
ni hubiese visto al mar amarrado a los árboles
para ser fornicado y herido por el tropel de los
regimientos.
¡Si mi niño hubiera sido un oso!
Me envolveré sobre esta lona dura para no sentir el
frío de los musgos.
Sé muy bien que me darán una manga o la corbata,
pero en el centro de la misa yo romperé el timón y
entonces
vendrá a la piedra la locura de pingüinos y gaviotas
que harán decir a los que duermen y a los que cantan
por las esquinas:
Él tenía un hijo.
Un hijo. Un hijo. Un hijo
que no era más que suyo porque era su hijo.
Su hijo. Su hijo. Su hijo.

Paisaje de la multitud que orina

Nocturno de Battery Place

Se quedaron solos.
Aguardaban la velocidad de las últimas bicicletas.
Se quedaron solas.
Esperaban la muerte de un niño en el velero japonés.
Se quedaron solos y solas
soñando con los picos abiertos de los pájaros agonizantes,
con el agudo quitasol que pincha
al sapo recién aplastado,
bajo un silencio con mil orejas
y diminutas bocas de agua
en los desfiladeros que resisten
el ataque violento de la luna.
Lloraba el niño del velero y se quebraban los corazones
angustiados por el testigo y la vigilia de todas las cosas
y porque todavía en el suelo celeste de negras huellas
gritaban nombres oscuros, salivas y radios de níquel.
No importa que el niño calle cuando le clavan el último
alfiler,
ni importa la derrota de la brisa en la corola del algodón,
porque hay un mundo de la muerte con marineros
definitivos
que se asomarán a los arcos y os helarán por detrás
de los árboles.
Es inútil buscar el recodo
donde la noche olvida su viaje
y acechar un silencio que no tenga
trajes rotos y cáscaras y llanto,
porque tan sólo el diminuto banquete de la araña

basta para romper el equilibrio de todo el cielo.
No hay remedio para el gemido del velero japonés
ni para estas gentes ocultas que tropiezan por las esquinas.
El campo se muerde la cola para unir las raíces en un punto
y el ovillo busca por la grama su ansia de longitud insatisfecha.
¡La luna! ¡Los policías! ¡Las sirenas de los transatlánticos!
Fachadas de orín, de humo, anémonas, guantes de goma.
Todo está roto por la noche
abierta de piernas sobre las terrazas.
Todo está roto por los tibios caños
de una terrible fuente silenciosa.
¡Oh gentes! ¡Oh mujercillas! ¡Oh soldados!:
será preciso viajar por los ojos de los idiotas,
campos libres donde silban mansas cobras de alambradas,
paisajes llenos de sepulcros que producen fresquísimas manzanas,
para que venga la luz desmedida
que temen los ricos detrás de sus lupas,
el olor de un solo cuerpo con la doble vertiente de lis y rata,
y para que se quemen estas gentes que pueden orinar alrededor de un gemido
o en los cristales donde se comprenden las olas nunca repetidas.

Ciudad sin sueño

Nocturno del Brooklyn Bridge

No duerme nadie por el cielo. Nadie, nadie.
No duerme nadie.
Las criaturas de la luna huelen y rondan las cabañas.
Vendrán las iguanas vivas a morder a los hombres
 que no sueñan
y el que huye con el corazón roto encontrará por las
 esquinas
al increíble cocodrilo quieto bajo la tierna protesta de
 los astros.

No duerme nadie por el mundo. Nadie, nadie.
No duerme nadie.
Hay un muerto en el cementerio más lejano
que se queja tres años
porque tiene un paisaje seco en la rodilla
y el niño que enterraron esta mañana lloraba tanto
que hubo necesidad de llamar a los perros para que
 callase.

No es sueño la vida. ¡Alerta! ¡Alerta! ¡Alerta!
Nos caemos por las escaleras para comer la tierra
 húmeda
o subimos al filo de la nieve con el coro de las dalias
 muertas.
Pero no hay olvido, ni sueño:
carne viva. Los besos atan las bocas
en una maraña de venas recientes
y al que le duele su dolor le dolerá sin descanso
y al que teme la muerte la llevará sobre sus hombros.

Un día
los caballos vivirán en las tabernas
y las hormigas furiosas
atacarán los cielos amarillos que se refugian en los
ojos de las vacas.
Otro día
veremos la resurrección de las mariposas disecadas
y aun andando por un paisaje de esponjas grises y
barcos mudos
veremos brillar nuestro anillo y manar rosas de
nuestra lengua.

¡Alerta! ¡Alerta! ¡Alerta
a los que guardan todavía huellas de zarpa y aguacero!
Aquel muchacho que llora porque no sabe la invención
del puente
o aquel muerto que ya no tiene más que la cabeza y
un zapato,
hay que llevarlos al muro donde iguanas y sierpes
esperan,
donde espera la dentadura del oso,
donde espera la mano momificada del niño
y la piel del camello se eriza con un violento escalofrío
azul.

No duerme nadie por el cielo. Nadie, nadie.
No duerme nadie.
Pero si alguien cierra los ojos,
¡azotadlo, hijos míos, azotadlo!
Haya un panorama de ojos abiertos
y amargas llagas encendidas.

No duerme nadie por el mundo. Nadie, nadie.
Ya lo he dicho.
No duerme nadie.
Pero si alguien tiene por la noche exceso de musgo
  en las sienes,
abrid los escotillones para que vea bajo la luna
las copas falsas, el veneno y la calavera de los teatros.

La aurora

La aurora de Nueva York tiene
cuatro columnas de cieno
y un huracán de negras palomas
que chapotean las aguas podridas.
La aurora de Nueva York gime
por las inmensas escaleras
buscando entre las aristas
nardos de angustia dibujada.
La aurora llega y nadie la recibe en su boca
porque allí no hay mañana ni esperanza posible:
A veces las monedas en enjambres furiosos
taladran y devoran abandonados niños.
Los primeros que salen comprenden con sus huesos
que no habrá paraíso ni amores deshojados;
saben que van al cieno de números y leyes,
a los juegos sin arte, a sudores sin fruto.
La luz es sepultada por cadenas y ruidos
en impúdico reto de ciencia sin raíces.
Por los barrios hay gentes que vacilan insomnes
como recién salidas de un naufragio de sangre.

Niña ahogada en el pozo
Granada y Newburg

Las estatuas sufren con los ojos por la oscuridad de los
ataúdes,
pero sufren mucho más por el agua que no desemboca.
... que no desemboca.

El pueblo corría por las almenas rompiendo las cañas
de los pescadores.
¡Pronto! ¡Los bordes! ¡De prisa! Y croaban las estrellas
tiernas.
... que no desemboca.

Tranquila en mi recuerdo, astro, círculo, meta,
lloras por las orillas de un ojo de caballo.
... que no desemboca.

Pero nadie en lo oscuro podrá darte distancias,
sino afilado límite: porvenir de diamante.
... que no desemboca.

Mientras la gente busca silencios de almohada
tú lates para siempre definida en tu anillo.
... que no desemboca.

Eterna en los finales de unas ondas que aceptan
combate de raíces y soledad prevista.
... que no desemboca.

¡Ya vienen por las rampas! ¡Levántate del agua!
¡Cada punto de luz te dará una cadena!
... que no desemboca.

Pero el pozo te alarga manecitas de musgo,
insospechada ondina de tu propia ignorancia.
... que no desemboca.

No, que no desemboca. Agua fija en un punto,
respirando con todos sus violines sin cuerdas
en la escala de las heridas y los edificios deshabitados.
¡Agua que no desemboca!

Nueva York
Oficina y denuncia

A Fernando Vela

Debajo de las multiplicaciones
hay una gota de sangre de pato;
debajo de las divisiones
hay una gota de sangre de marinero;
debajo de las sumas, un río de sangre tierna.
Un río que viene cantando
por los dormitorios de los arrabales,
y es plata, cemento o brisa
en el alba mentida de New York.
Existen las montañas. Lo sé.
Y los anteojos para la sabiduría.
Lo sé. Pero yo no he venido a ver el cielo.
He venido para ver la turbia sangre,
la sangre que lleva las máquinas a las cataratas
y el espíritu a la lengua de la cobra.
Todos los días se matan en New York
cuatro millones de patos,
cinco millones de cerdos,
dos mil palomas para el gusto de los agonizantes,
un millón de vacas,
un millón de corderos
y dos millones de gallos
que dejan los cielos hechos añicos.
Más vale sollozar afilando la navaja
o asesinar a los perros en las alucinantes cacerías,
que resistir en la madrugada

los interminables trenes de leche,
los interminables trenes de sangre
y los trenes de rosas maniatadas
por los comerciantes de perfumes.
Los patos y las palomas
y los cerdos y los corderos
ponen sus gotas de sangre
debajo de las multiplicaciones,
y los terribles alaridos de las vacas estrujadas
llenan de dolor el valle
donde el Hudson se emborracha con aceite.

Yo denuncio a toda la gente
que ignora la otra mitad,
la mitad irredimible
que levanta sus montes de cemento
donde laten los corazones
de los animalitos que se olvidan
y donde caeremos todos
en la última fiesta de los taladros.
Os escupo en la cara.
La otra mitad me escucha
devorando, orinando, volando en su pureza
como los niños de las porterías
que llevan frágiles palitos
a los huecos donde se oxidan
las antenas de los insectos.
No es el infierno, es la calle.
No es la muerte. Es la tienda de frutas.
Hay un mundo de ríos quebrados y distancias inasibles
en la patita de ese gato quebrada por el automóvil,

y yo oigo el canto de la lombriz
en el corazón de muchas niñas.
Óxido, fermento, tierra estremecida.
Tierra tú mismo que nadas por los números de la oficina.
¿Qué voy a hacer? ¿Ordenar los paisajes?
¿Ordenar los amores que luego son fotografías,
que luego son pedazos de madera y bocanadas de
    sangre?
No, no; yo denuncio.
Yo denuncio la conjura
de estas desiertas oficinas
que no radian las agonías,
que borran los programas de la selva,
y me ofrezco a ser comido por las vacas estrujadas
cuando sus gritos llenan el valle
donde el Hudson se emborracha con aceite.

Grito hacia Roma

Desde la torre del Chrysler Building

Manzanas levemente heridas
por finos espadines de plata,
nubes rasgadas por una mano de coral
que lleva en el dorso una almendra de fuego,
peces de arsénico como tiburones,
tiburones como gotas de llanto para cegar una multitud,
rosas que hieren
y agujas instaladas en los caños de la sangre,
mundos enemigos y amores cubiertos de gusanos,
caerán sobre ti. Caerán sobre la gran cúpula
que unta de aceite las lenguas militares,
donde un hombre se orina en una deslumbrante paloma
y escupe carbón machacado
rodeado de miles de campanillas.

Porque ya no hay quien reparta el pan y el vino,
ni quien cultive hierbas en la boca del muerto,
ni quien abra los linos del reposo,
ni quien llore por las heridas de los elefantes.
No hay más que un millón de herreros
forjando cadenas para los niños que han de venir.
No hay más que un millón de carpinteros
que hacen ataúdes sin cruz.
No hay más que un gentío de lamentos
que se abren las ropas en espera de la bala.
El hombre que desprecia la paloma debía hablar,
debía gritar desnudo entre las columnas
y ponerse una inyección para adquirir la lepra

y llorar un llanto tan terrible
que disolviera sus anillos y sus teléfonos de diamante.
Pero el hombre vestido de blanco
ignora el misterio de la espiga,
ignora el gemido de la parturienta,
ignora que Cristo puede dar agua todavía,
ignora que la moneda quema el beso de prodigio
y da la sangre del cordero al pico idiota del faisán.

Los maestros enseñan a los niños
una luz maravillosa que viene del monte;
pero lo que llega es una reunión de cloacas
donde gritan las oscuras ninfas del cólera.
Los maestros señalan con devoción las enormes cúpulas
    sahumadas,
pero debajo de las estatuas no hay amor,
no hay amor bajo los ojos de cristal definitivo.
El amor está en las carnes desgarradas por la sed,
en la choza diminuta que lucha con la inundación;
el amor está en los fosos donde luchan las sierpes del
    hambre,
en el triste mar que mece los cadáveres de las gaviotas
y en el oscurísimo beso punzante debajo de las almohadas.
Pero el viejo de las manos traslúcidas
dirá: amor, amor, amor,
aclamado por millones de moribundos.
Dirá: amor, amor, amor,
entre el tisú estremecido de ternura;
dirá: paz, paz, paz,
entre el tirite de cuchillos y melenas de dinamita.
Dirá: amor, amor, amor,
hasta que se le pongan de plata los labios.

Mientras tanto, mientras tanto, ¡ay!, mientras tanto,
los negros que sacan las escupideras,
los muchachos que tiemblan bajo el terror pálido de
los directores,
las mujeres ahogadas en aceites minerales,
la muchedumbre de martillo, de violín o de nube,
ha de gritar aunque le estrellen los sesos en el muro,
ha de gritar frente a las cúpulas,
ha de gritar loca de fuego,
ha de gritar loca de nieve,
ha de gritar con la cabeza llena de excremento,
ha de gritar como todas las noches juntas,
ha de gritar con voz tan desgarrada
hasta que las ciudades tiemblen como niñas
y rompan las prisiones del aceite y la música.
Porque queremos el pan nuestro de cada día,
flor de aliso y perenne ternura desgranada,
porque queremos que se cumpla la voluntad de la
Tierra
que da sus frutos para todos.

Oda a Walt Whitman

Por el East River y el Bronx
los muchachos cantaban enseñando sus cinturas.
Con la rueda, el aceite, el cuero y el martillo
noventa mil mineros sacaban la plata de las rocas
y los niños dibujaban escaleras y perspectivas.

Pero ninguno se dormía,
ninguno quería ser río,
ninguno amaba las hojas grandes,
ninguno la lengua azul de la playa.

Por el East River y el Queensborough
los muchachos luchaban con la industria,
y los judíos vendían al fauno del río
la rosa de la circuncisión,
y el cielo desembocaba por los puentes y los tejados
manadas de bisontes empujadas por el viento.

Pero ninguno se detenía,
ninguno quería ser nube,
ninguno buscaba los helechos
ni la rueda amarilla del tamboril.

Cuando la luna salga
las poleas rodarán para turbar el cielo;
un límite de agujas cercará la memoria
y los ataúdes se llevarán a los que no trabajan.

Nueva York de cieno,
Nueva York de alambres y de muerte:

¿Qué ángel llevas oculto en la mejilla?
¿Qué voz perfecta dirá las verdades del trigo?
¿Quién el sueño terrible de tus anémonas manchadas?

Ni un solo momento, viejo hermoso Walt Whitman,
he dejado de ver tu barba llena de mariposas,
ni tus hombros de pana gastados por la luna,
ni tus muslos de Apolo virginal,
ni tu voz como una columna de ceniza;
anciano hermoso como la niebla
que gemías igual que un pájaro
con el sexo atravesado por una aguja,
enemigo del sátiro,
enemigo de la vid,
y amante de los cuerpos bajo la burda tela.

Ni un solo momento, hermosura viril
que en montes de carbón, anuncios y ferrocarriles,
soñabas ser un río y dormir como un río
con aquel camarada que pondría en tu pecho
un pequeño dolor de ignorante leopardo.

Ni un solo momento, Adán de sangre, Macho,
hombre solo en el mar, viejo hermoso Walt Whitman,
porque por las azoteas,
agrupados en los bares,
saliendo en racimos de las alcantarillas,
temblando entre las piernas de los *chauffeurs*
o girando en las plataformas del ajenjo,
los maricas, Walt Whitman, te señalan.
¡También ése! ¡También! Y se despeñan
sobre tu barba luminosa y casta

rubios del norte, negros de la arena,
muchedumbre de gritos y ademanes,
como los gatos y como las serpientes,
los maricas, Walt Whitman, los maricas,
turbios de lágrimas, carne para fusta,
bota o mordisco de los domadores.

¡También ése! ¡También! Dedos teñidos
apuntan a la orilla de tu sueño
cuando el amigo come tu manzana
con un leve sabor de gasolina
y el sol canta por los ombligos
de los muchachos que juegan bajo los puentes.

Pero tú no buscabas los ojos arañados,
ni el pantano oscurísimo donde sumergen a los niños,
ni la saliva helada,
ni las curvas heridas como panza de sapo
que llevan los maricas en coches y en terrazas
mientras la luna los azota por las esquinas del terror.

Tú buscabas un desnudo que fuera como un río.
Toro y sueño que junte la rueda con el alga,
padre de tu agonía, camelia de tu muerte
y gimiera en las llamas de tu ecuador oculto.

Porque es justo que el hombre no busque su deleite
en la selva de sangre de la mañana próxima.
El cielo tiene playas donde evitar la vida
y hay cuerpos que no deben repetirse en la aurora.
Agonía, agonía, sueño, fermento y sueño.
Éste es el mundo, amigo, agonía, agonía.

Los muertos se descomponen bajo el reloj de las ciudades.
La guerra pasa llorando con un millón de ratas grises,
los ricos dan a sus queridas
pequeños moribundos iluminados,
y la vida no es noble, ni buena, ni sagrada.

Puede el hombre, si quiere, conducir su deseo
por vena de coral o celeste desnudo;
mañana los amores serán rocas y el Tiempo
una brisa que viene dormida por las ramas.

Por eso no levanto mi voz, viejo Walt Whitman,
contra el niño que escribe
nombre de niña en su almohada,
ni contra el muchacho que se viste de novia
en la oscuridad del ropero,
ni contra los solitarios de los casinos
que beben con asco el agua de la prostitución,
ni contra los hombres de mirada verde
que aman al hombre y queman sus labios en silencio.
Pero sí contra vosotros, maricas de las ciudades
de carne tumefacta y pensamiento inmundo.
Madres de lodo. Arpías. Enemigos sin sueño
del Amor que reparte coronas de alegría.

Contra vosotros siempre, que dais a los muchachos
gotas de sucia muerte con amargo veneno.
Contra vosotros siempre,
«Fairies» de Norteamérica,
«Pájaros» de La Habana,
«Jotos» de Méjico,

«Sarasas» de Cádiz,
«Apios» de Sevilla,
«Cancos» de Madrid,
«Floras» de Alicante,
«Adelaidas» de Portugal.

¡Maricas de todo el mundo, asesinos de palomas!
Esclavos de la mujer. Perras de sus tocadores.
Abiertos en las plazas, con fiebre de abanico
o emboscados en yertos paisajes de cicuta.

¡No haya cuartel! La muerte
mana de vuestros ojos
y agrupa flores grises en la orilla del cieno.
¡No haya cuartel! ¡¡Alerta!!
Que los confundidos, los puros,
los clásicos, los señalados, los suplicantes,
os cierren las puertas de la bacanal.

Y tú, bello Walt Whitman, duerme a orillas del Hudson
con la barba hacia el polo y las manos abiertas.
Arcilla blanda o nieve, tu lengua está llamando
camaradas que velen tu gacela sin cuerpo.

Duerme: no queda nada.
Una danza de muros agita las praderas
y América se anega de máquinas y llanto.
Quiero que el aire fuerte de la noche más honda
quite flores y letras del arco donde duermes,
y un niño negro anuncie a los blancos del oro
la llegada del reino de la espiga.

Pequeño vals vienés

En Viena hay diez muchachas,
un hombro donde solloza la muerte
y un bosque de palomas disecadas.
Hay un fragmento de la mañana
en el museo de la escarcha.
Hay un salón con mil ventanas.

¡Ay, ay, ay, ay!
Toma este vals con la boca cerrada.

Este vals, este vals, este vals,
de sí, de muerte y de coñac
que moja su cola en el mar.

Te quiero, te quiero, te quiero,
con la butaca y el libro muerto,
por el melancólico pasillo,
en el oscuro desván del lirio,
en nuestra cama de la luna
y en la danza que sueña la tortuga.

¡Ay, ay, ay, ay!
Toma este vals de quebrada cintura.

En Viena hay cuatro espejos
donde juegan tu boca y los ecos.
Hay una muerte para piano
que pinta de azul a los muchachos.
Hay mendigos por los tejados.

Hay frescas guirnaldas de llanto.
¡Ay, ay, ay, ay!
Toma este vals que se muere en mis brazos.

Porque te quiero, te quiero, amor mío,
en el desván donde juegan los niños,
soñando viejas luces de Hungría
por los rumores de la tarde tibia,
viendo ovejas y lirios de nieve
por el silencio oscuro de tu frente.

¡Ay, ay, ay, ay!
Tomo este vals del «Te quiero siempre».

En Viena bailaré contigo
con un disfraz que tenga
cabeza de río.
¡Mira qué orillas tengo de jacintos!
Dejaré mi boca entre tus piernas,
mi alma en fotografías y azucenas,
y en las ondas oscuras de tu andar
quiero, amor mío, amor mío, dejar,
violín y sepulcro, las cintas del vals.

Son de negros en Cuba

Cuando llegue la luna llena iré a Santiago de Cuba,
iré a Santiago,
en un coche de agua negra
iré a Santiago.
Cantarán los techos de palmera,
iré a Santiago.
Cuando la palma quiere ser cigüeña,
iré a Santiago
y cuando quiere ser medusa el plátano,
iré a Santiago.
Iré a Santiago
con la rubia cabeza de Fonseca.
Iré a Santiago.
Y con el rosal de Romeo y Julieta
iré a Santiago.
Mar de papel y plata de monedas.
Iré a Santiago.
¡Oh Cuba! ¡Oh ritmo de semillas secas!
Iré a Santiago.
¡Oh cintura caliente y gota de madera!
Iré a Santiago.
Arpa de troncos vivos. Caimán. Flor de tabaco.
Iré a Santiago.
Siempre he dicho que yo iría a Santiago
en un coche de agua negra.
Iré a Santiago.
Brisa y alcohol en las ruedas,
iré a Santiago.
Mi coral en la tiniebla,

iré a Santiago.
El mar ahogado en la arena,
iré a Santiago.
Calor blanco, fruta muerta,
iré a Santiago.
¡Oh bovino frescor de cañavera!
¡Oh Cuba! ¡Oh curva de suspiro y barro!
Iré a Santiago.

DE *DIVÁN DEL TAMARIT*

(1931-1934)

Gacela primera
Del amor imprevisto

Nadie comprendía el perfume
de la oscura magnolia de tu vientre.
Nadie sabía que martirizabas
un colibrí de amor entre los dientes.

Mil caballitos persas se dormían
en la plaza con luna de tu frente,
mientras que yo enlazaba cuatro noches
tu cintura, enemiga de la nieve.

Entre yeso y jazmines, tu mirada
era un pálido ramo de simientes.
Yo busqué, para darte, por mi pecho
las letras de marfil que dicen *siempre*.

Siempre, siempre: jardín de mi agonía,
tu cuerpo fugitivo para siempre,
la sangre de tus venas en mi boca,
tu boca ya sin luz para mi muerte.

Gacela II
De la terrible presencia

Yo quiero que el agua se quede sin cauce.
Yo quiero que el viento se quede sin valles.

Quiero que la noche se quede sin ojos
y mi corazón sin la flor del oro;

que los bueyes hablen con las grandes hojas
y que la lombriz se muera de sombra;

que brillen los dientes de la calavera
y los amarillos inunden la seda.

Puedo ver el duelo de la noche herida
luchando enroscada con el mediodía.

Resisto un ocaso de verde veneno
y los arcos rotos donde sufre el tiempo.

Pero no ilumines tu limpio desnudo
como un negro cactus abierto en los juncos.

Déjame en un ansia de oscuros planetas,
pero no me enseñes tu cintura fresca.

Gacela III
Del amor desesperado

La noche no quiere venir
para que tú no vengas,
ni yo pueda ir.

Pero yo iré,
aunque un sol de alacranes me coma la sien.

Pero tú vendrás
con la lengua quemada por la lluvia de sal.

El día no quiere venir
para que tú no vengas,
ni yo pueda ir.

Pero yo iré
entregando a los sapos mi mordido clavel.

Pero tú vendrás
por las turbias cloacas de la oscuridad.

Ni la noche ni el día quieren venir
para que por ti muera
y tú mueras por mí.

Gacela V
Del niño muerto

Todas las tardes en Granada,
todas las tardes se muere un niño.
Todas las tardes el agua se sienta
a conversar con sus amigos.

Los muertos llevan alas de musgo.
El viento nublado y el viento limpio
son dos faisanes que vuelan por las torres
y el día es un muchacho herido.

No quedaba en el aire ni una brizna de alondra
cuando yo te encontré por las grutas del vino.
No quedaba en la tierra ni una miga de nube
cuando te ahogabas por el río.

Un gigante de agua cayó sobre los montes
y el valle fue rodando con perros y con lirios.
Tu cuerpo, con la sombra violeta de mis manos,
era, muerto en la orilla, un arcángel de frío.

Gacela VI
De la raíz amarga

Hay una raíz amarga
y un mundo de mil terrazas.

Ni la mano más pequeña
quiebra la puerta del agua.

¿Dónde vas, adónde, dónde?
Hay un cielo de mil ventanas
—batalla de abejas lívidas—
y hay una raíz amarga.

Amarga.

Duele en la planta del pie
el interior de la cara,
y duele en el tronco fresco
de noche recién cortada.

¡Amor, enemigo mío,
muerde tu raíz amarga!

Gacela XI
Del amor con cien años

Suben por la calle
los cuatro galanes.

Ay, ay, ay, ay.

Por la calle abajo
van los tres galanes.

Ay, ay, ay.

Se ciñen el talle
esos dos galanes.

Ay, ay.

¡Cómo vuelve el rostro
un galán y el aire!

Ay.

Por los arrayanes
se pasea nadie.

Casida primera
Del herido por el agua

Quiero bajar al pozo,
quiero subir los muros de Granada,
para mirar el corazón pasado
por el punzón oscuro de las aguas.

El niño herido gemía
con una corona de escarcha.
Estanques, aljibes y fuentes
levantaban al aire sus espadas.
¡Ay qué furia de amor, qué hiriente filo,
qué nocturno rumor, qué muerte blanca!
¡Qué desiertos de luz iban hundiendo
los arenales de la madrugada!
El niño estaba solo
con la ciudad dormida en la garganta.
Un surtidor que viene de los sueños
lo defiende del hambre de las algas.
El niño y su agonía, frente a frente,
eran dos verdes lluvias enlazadas.
El niño se tendía por la tierra
y su agonía se curvaba.

Quiero bajar al pozo,
quiero morir mi muerte a bocanadas,
quiero llenar mi corazón de musgo,
para ver al herido por el agua.

Casida II
Del llanto

He cerrado mi balcón
porque no quiero oír el llanto,
pero por detrás de los grises muros
no se oye otra cosa que el llanto.

Hay muy pocos ángeles que canten,
hay muy pocos perros que ladren,
mil violines caben en la palma de mi mano.

Pero el llanto es un perro inmenso,
el llanto es un ángel inmenso,
el llanto es un violín inmenso,
las lágrimas amordazan al viento,
y no se oye otra cosa que el llanto.

Casida III
De los ramos

Por las arboledas del Tamarit
han venido los perros de plomo
a esperar que se caigan los ramos,
a esperar que se quiebren ellos solos.

El Tamarit tiene un manzano
con una manzana de sollozos.
Un ruiseñor agrupa los suspiros
y un faisán los ahuyenta por el polvo.

Pero los ramos son alegres,
los ramos son como nosotros.
No piensan en la lluvia y se han dormido,
como si fueran árboles, de pronto.

Sentados con el agua en las rodillas
dos valles aguardaban al Otoño.
La penumbra con paso de elefante
empujaba las ramas y los troncos.

Por las arboledas del Tamarit
hay muchos niños de velado rostro
a esperar que se caigan mis ramos,
a esperar que se quiebren ellos solos.

Casida VI
De la mano imposible

Yo no quiero más que una mano,
una mano herida, si es posible.
Yo no quiero más que una mano,
aunque pase mil noches sin lecho.

Sería un pálido lirio de cal,
sería una paloma amarrada a mi corazón,
sería el guardián que en la noche de mi tránsito
prohibiera en absoluto la entrada a la luna.

Yo no quiero más que esa mano
para los diarios aceites y la sábana blanca de mi agonía.
Yo no quiero más que esa mano
para tener un ala de mi muerte.

Lo demás todo pasa.
Rubor sin nombre ya. Astro perpetuo.
Lo demás es lo otro; viento triste,
mientras las hojas huyen en bandadas.

Casida VIII
De la muchacha dorada

La muchacha dorada
se bañaba en el agua
y el agua se doraba.

Las algas y las ramas
en sombra la asombraban,
y el ruiseñor cantaba
por la muchacha blanca.

Vino la noche clara,
turbia de plata mala,
con peladas montañas
bajo la brisa parda.

La muchacha mojada
era blanca en el agua
y el agua, llamarada.

Vino el alba sin mancha
con cien caras de vaca,
yerta y amortajada
con heladas guirnaldas.

La muchacha de lágrimas,
se bañaba entre llamas,
y el ruiseñor lloraba
con las alas quemadas.

La muchacha dorada
era una blanca garza
y el agua la doraba.

Casida IX
De las palomas oscuras

A Claudio Guillén

Por las ramas del laurel
vi dos palomas oscuras.
La una era el sol,
la otra la luna.
«Vecinitas», les dije,
«¿dónde está mi sepultura?»
«En mi cola», dijo el sol.
«En mi garganta», dijo la luna.
Y yo que estaba caminando
con la tierra por la cintura
vi dos águilas de nieve
y una muchacha desnuda.
La una era la otra
y la muchacha era ninguna.
«Aguilitas», les dije,
«¿dónde está mi sepultura?»
«En mi cola», dijo el sol.
«En mi garganta», dijo la luna.
Por las ramas del laurel
vi dos palomas desnudas.
La una era la otra
y las dos eran ninguna.

DE *LLANTO POR IGNACIO SÁNCHEZ MEJÍAS*

(1934)

1
La cogida y la muerte

A las cinco de la tarde.
Eran las cinco en punto de la tarde.
Un niño trajo la blanca sábana
a las cinco de la tarde.
Una espuerta de cal ya prevenida
a las cinco de la tarde.
Lo demás era muerte y sólo muerte
a las cinco de la tarde.

El viento se llevó los algodones
a las cinco de la tarde.
Y el óxido sembró cristal y níquel
a las cinco de la tarde.
Ya luchan la paloma y el leopardo
a las cinco de la tarde.
Y un muslo con un asta desolada
a las cinco de la tarde.
Comenzaron los sones de bordón
a las cinco de la tarde.
Las campanas de arsénico y el humo
a las cinco de la tarde.

En las esquinas grupos de silencio
a las cinco de la tarde.
¡Y el toro solo corazón arriba!
a las cinco de la tarde.
Cuando el sudor de nieve fue llegando
a las cinco de la tarde,

cuando la plaza se cubrió de yodo
a las cinco de la tarde,
la muerte puso huevos en la herida
a las cinco de la tarde.
A las cinco de la tarde.
A las cinco en punto de la tarde.

Un ataúd con ruedas es la cama
a las cinco de la tarde.
Huesos y flautas suenan en su oído
a las cinco de la tarde.
El toro ya mugía por su frente
a las cinco de la tarde.
El cuarto se irisaba de agonía
a las cinco de la tarde.
A lo lejos ya viene la gangrena
a las cinco de la tarde.
Trompa de lirio por las verdes ingles
a las cinco de la tarde.
Las heridas quemaban como soles
a las cinco de la tarde,
y el gentío rompía las ventanas
a las cinco de la tarde.
A las cinco de la tarde.
¡Ay qué terribles cinco de la tarde!
¡Eran las cinco en todos los relojes!
¡Eran las cinco en sombra de la tarde!

2
La sangre derramada

¡Que no quiero verla!

Dile a la luna que venga,
que no quiero ver la sangre
de Ignacio sobre la arena.

¡Que no quiero verla!

La luna de par en par,
caballo de nubes quietas,
y la plaza gris del sueño
con sauces en las barreras.

¡Que no quiero verla!
Que mi recuerdo se quema.
¡Avisad a los jazmines
con su blancura pequeña!

¡Que no quiero verla!

La vaca del viejo mundo
pasaba su triste lengua
sobre un hocico de sangres
derramadas en la arena,
y los toros de Guisando,
casi muerte y casi piedra,
mugieron como dos siglos,
hartos de pisar la tierra.

No.
¡Que no quiero verla!

Por las gradas sube Ignacio
con toda su muerte a cuestas.
Buscaba el amanecer,
y el amanecer no era.
Busca su perfil seguro,
y el sueño lo desorienta.
Buscaba su hermoso cuerpo
y encontró su sangre abierta.
¡No me digáis que la vea!
No quiero sentir el chorro
cada vez con menos fuerza;
ese chorro que ilumina
los tendidos y se vuelca
sobre la pana y el cuero
de muchedumbre sedienta.
¿Quién me grita que me asome?
¡No me digáis que la vea!

No se cerraron sus ojos
cuando vio los cuernos cerca,
pero las madres terribles
levantaron la cabeza.
Y a través de las ganaderías
hubo un aire de voces secretas,
que gritaban a toros celestes
mayorales de pálida niebla.

No hubo príncipe en Sevilla
que comparársele pueda,
ni espada como su espada
ni corazón tan de veras.
Como un río de leones
su maravillosa fuerza,
y como un torso de mármol
su dibujada prudencia.
Aire de Roma andaluza
le doraba la cabeza
donde su risa era un nardo
de sal y de inteligencia.
¡Qué gran torero en la plaza!
¡Qué gran serrano en la sierra!
¡Qué blando con las espigas!
¡Qué duro con las espuelas!
¡Qué tierno con el rocío!
¡Qué deslumbrante en la feria!
¡Qué tremendo con las últimas
banderillas de tiniebla!

Pero ya duerme sin fin.
Ya los musgos y la hierba
abren con dedos seguros
la flor de su calavera.
Y su sangre ya viene cantando:
cantando por marismas y praderas,
resbalando por cuernos ateridos,
vacilando sin alma por la niebla,
tropezando con miles de pezuñas

como una larga, oscura, triste lengua,
para formar un charco de agonía
junto al Guadalquivir de las estrellas.

¡Oh blanco muro de España!
¡Oh negro toro de pena!
¡Oh sangre dura de Ignacio!
¡Oh ruiseñor de sus venas!

No.
¡Que no quiero verla!
Que no hay cáliz que la contenga,
que no hay golondrinas que se la beban,
no hay escarcha de luz que la enfríe,
no hay canto ni diluvio de azucenas,
no hay cristal que la cubra de plata.
No.
¡¡Yo no quiero verla!!

3
Cuerpo presente

La piedra es una frente donde los sueños gimen
sin tener agua curva ni cipreses helados.
La piedra es una espalda para llevar al tiempo
con árboles de lágrimas y cintas y planetas.

Yo he visto lluvias grises correr hacia las olas
levantando sus tiernos brazos acribillados,
para no ser cazadas por la piedra tendida
que desata sus miembros sin empapar la sangre.

Porque la piedra coge simientes y nublados,
esqueletos de alondras y lobos de penumbra;
pero no da sonidos, ni cristales, ni fuego,
sino plazas y plazas y otra plaza sin muros.

Ya está sobre la piedra Ignacio el bien nacido.
Ya se acabó; ¿qué pasa? Contemplad su figura:
la muerte lo ha cubierto de pálidos azufres
y le ha puesto cabeza de oscuro minotauro.

Ya se acabó. La lluvia penetra por su boca.
El aire como loco deja su pecho hundido,
y el Amor, empapado con lágrimas de nieve,
se calienta en la cumbre de las ganaderías.

¿Qué dicen? Un silencio con hedores reposa.
Estamos con un cuerpo presente que se esfuma,
con una forma clara que tuvo ruiseñores
y la vemos llenarse de agujeros sin fondo.

¿Quién arruga el sudario? ¡No es verdad lo que dice!
Aquí no canta nadie, ni llora en el rincón,
ni pica las espuelas, ni espanta la serpiente:
aquí no quiero más que los ojos redondos
para ver ese cuerpo sin posible descanso.

Yo quiero ver aquí los hombres de voz dura.
Los que doman caballos y dominan los ríos:
los hombres que les suena el esqueleto y cantan
con una boca llena de sol y pedernales.

Aquí quiero yo verlos. Delante de la piedra.
Delante de este cuerpo con las riendas quebradas.
Yo quiero que me enseñen dónde está la salida
para este capitán atado por la muerte.

Yo quiero que me enseñen un llanto como un río
que tenga dulces nieblas y profundas orillas,
para llevar el cuerpo de Ignacio y que se pierda
sin escuchar el doble resuello de los toros.

Que se pierda en la plaza redonda de la luna
que finge cuando niña doliente res inmóvil;
que se pierda en la noche sin canto de los peces
y en la maleza blanca del humo congelado.

No quiero que le tapen la cara con pañuelos
para que se acostumbre con la muerte que lleva.
Vete, Ignacio: No sientas el caliente bramido.
Duerme, vuela, reposa: ¡También se muere el mar!

4
Alma ausente

No te conoce el toro ni la higuera,
ni caballos ni hormigas de tu casa.
No te conoce el niño ni la tarde
porque te has muerto para siempre.

No te conoce el lomo de la piedra,
ni el raso negro donde te destrozas.
No te conoce tu recuerdo mudo
porque te has muerto para siempre.

El Otoño vendrá con caracolas,
uva de niebla y montes agrupados,
pero nadie querrá mirar tus ojos
porque te has muerto para siempre.

Porque te has muerto para siempre,
como todos los muertos de la Tierra,
como todos los muertos que se olvidan
en un montón de perros apagados.

No te conoce nadie. No. Pero yo te canto.
Yo canto para luego tu perfil y tu gracia.
La madurez insigne de tu conocimiento.
Tu apetencia de muerte y el gusto de su boca.
La tristeza que tuvo tu valiente alegría.

Tardará mucho tiempo en nacer, si es que nace,
un andaluz tan claro, tan rico de aventura.

Yo canto su elegancia con palabras que gimen
y recuerdo una brisa triste por los olivos.

DE *SONETOS DEL AMOR OSCURO*

(1935)

Soneto de la dulce queja

Tengo miedo a perder la maravilla
de tus ojos de estatua y el acento
que me pone de noche en la mejilla
la solitaria rosa de tu aliento.

Tengo pena de ser en esta orilla
tronco sin ramas, y lo que más siento
es no tener la flor, pulpa o arcilla,
para el gusano de mi sufrimiento.

Si tú eres el tesoro oculto mío,
si eres mi cruz y mi dolor mojado,
si soy el perro de tu señorío,

no me dejes perder lo que he ganado
y decora las aguas de tu río
con hojas de mi Otoño enajenado.

Llagas de amor

Esta luz, este fuego que devora,
este paisaje gris que me rodea,
este dolor por una sola idea,
esta angustia de cielo, mundo y hora,

este llanto de sangre que decora
lira sin pulso ya, lúbrica tea,
este peso del mar que me golpea,
este alacrán que por mi pecho mora,

son guirnalda de amor, cama de herido,
donde sin sueño, sueño tu presencia
entre las ruinas de mi pecho hundido.

Y aunque busco la cumbre de prudencia
me da tu corazón valle tendido
con cicuta y pasión de amarga ciencia.

El poeta pide a su amor que le escriba

Amor de mis entrañas, viva muerte,
en vano espero tu palabra escrita
y pienso, con la flor que se marchita,
que si vivo sin mí quiero perderte.

El aire es inmortal. La piedra inerte
ni conoce la sombra ni la evita.
Corazón interior no necesita
la miel helada que la luna vierte.

Pero yo te sufrí. Rasgué mis venas,
tigre y paloma, sobre tu cintura
en duelo de mordiscos y azucenas.

Llena, pues, de palabras mi locura
o déjame vivir en mi serena
noche del alma para siempre oscura.

El poeta dice la verdad

Quiero llorar mi pena y te lo digo
para que tú me quieras y me llores
en un anochecer de ruiseñores,
con un puñal, con besos y contigo.

Quiero matar al único testigo
para el asesinato de mis flores
y convertir mi llanto y mis sudores
en eterno montón de duro trigo.

Que no se acabe nunca la madeja
del te quiero me quieres, siempre ardida
con decrépito sol y luna vieja.

Que lo que no me des y no te pida
será para la muerte, que no deja
ni sombra por la carne estremecida.

El poeta habla por teléfono con el amor

Tu voz regó la duna de mi pecho
en la dulce cabina de madera.
Por el sur de mis pies fue primavera
y al norte de mi frente flor de helecho.

Pino de luz por el espacio estrecho
cantó sin alborada y sementera
y mi llanto prendió por vez primera
coronas de esperanza por el techo.

Dulce y lejana voz por mí vertida.
Dulce y lejana voz por mí gustada.
Lejana y dulce voz amortecida.

Lejana como oscura corza herida.
Dulce como un sollozo en la nevada.
¡Lejana y dulce en tuétano metida!

[¡Ay voz secreta del amor oscuro!]

¡Ay voz secreta del amor oscuro!
¡ay balido sin lanas! ¡ay herida!
¡ay aguja de hiel, camelia hundida!
¡ay corriente sin mar, ciudad sin muro!

¡Ay noche inmensa de perfil seguro,
montaña celestial de angustia erguida!
¡ay perro en corazón, voz perseguida!
¡silencio sin confín, lirio maduro!

Huye de mí, caliente voz de hielo,
no me quieras perder en la maleza
donde sin fruto gimen carne y cielo.

Deja el duro marfil de mi cabeza,
apiádate de mí, ¡rompe mi duelo!
¡que soy amor, que soy naturaleza!

El amor duerme en el pecho del poeta

Tú nunca entenderás lo que te quiero
porque duermes en mí y estás dormido.
Yo te oculto llorando, perseguido
por una voz de penetrante acero.

Norma que agita igual carne y lucero
traspasa ya mi pecho dolorido
y las turbias palabras han mordido
las alas de tu espíritu severo.

Grupo de gente salta en los jardines
esperando tu cuerpo y mi agonía
en caballos de luz y verdes crines.

Pero sigue durmiendo, vida mía.
¡Oye mi sangre rota en los violines!
¡Mira que nos acechan todavía!

Noche del amor insomne

Noche arriba los dos con luna llena,
yo me puse a llorar y tú reías.
Tu desdén era un dios, las quejas mías
momentos y palomas en cadena.

Noche abajo los dos. Cristal de pena,
llorabas tú por hondas lejanías.
Mi dolor era un grupo de agonías
sobre tu débil corazón de arena.

La aurora nos unió sobre la cama,
las bocas puestas sobre el chorro helado
de una sangre sin fin que se derrama.

Y el sol entró por el balcón cerrado
y el coral de la vida abrió su rama
sobre mi corazón amortajado.

DE *POESÍA INÉDITA DE JUVENTUD*

(1917-1918)

Canción

Ensueño y confusión

Fue una noche plena de lujuria.
Noche de oro en Oriente ancestral,
Noche de besos, de luz y caricias,
Noche encarnada de tul pasional.

Sobre tu cuerpo había penas y rosas,
Tus ojos eran la muerte y el mar.
¡Tu boca! Tus labios, tu nuca, tu cuello...
Yo como la sombra de un antiguo Omar...

El sueño de las telas de Argel y Damasco
Perfumaba lánguido nuestro corazón.
Tus trenzas decían una melodía
Sobre las estrellas de tu gran pasión.

Después, el mordisco, el beso incoloro,
El roce apretado de carne en olor,
Una sombra vaga de vago consuelo...
Y las almas locas en rojo sopor...

Antonio sublime lloraba en el cielo.
Martino cantaba cantos con dulzor.
Las nubes se iban tristonas con duelo
Y las almas lúbricas miraban al NO.

Toda la locura de los días dulces
Se llora en las noches de estío feroz.
Se llora por ansias de amor que no llega.
Se sufre por carne vista a lo Berlioz.

Y llega la noche negruzca y callada,
Y llega la carne con fe y esplendor,
Y llega el placer con el dulce extravío.
Mas, ¡ay!, que la muerte llegó y el dolor.

Werther huye trágico por la negra senda.
Nerón ríe sangriento sobre vil león.
Larra está callado con la luna en los ojos.
Isabel se esfuma sobre alado son...

Mahoma reposa sobre carnes blancas.
Luis Gonzaga aspira la infinita flor.
Barbarroja besa al odio en su alma.
Rubén el magnífico merodea en Luxor.

Y sombras y sombras y luz y silencio.
Y besos y manos y nieve en fulgor.
Y risas y llantos y carnes en aguas.
Y Venus y Carmen y ojos de Almanzor.

Las almas ardientes se besan cansadas.
Las telas se llenan de vida y sudor.
Un hálito acre de tierra mojada...
Y más abrazarse, y más. Luego el sol.

Y el sueño se acaba entre ramerías
De hojas de parra y un sufrir sereno.
Las caras muy pálidas, los ojos cerrados,
Reposada el ánima y horror a Galeno.

El mundo imponente sigue su carrera.
Los hombres son en él incidente banal.
Los sueños son la vida de sabios y de amantes.
El que sueña se adueña de la luz fantasmal.

Y aquel que recorra la enorme llanura
Sin soñar, pensando en el más allá,
Que se quede blanco sobre blanca albura
O que un cuervo horrible lo trague voraz.

[Yo estaba triste frente a los sembrados]

Yo estaba triste frente a los sembrados.
Era una tarde clara.
Dormido entre las hojas de un librote
Shakespeare me acompañaba...
El sueño de una noche de verano
Era el librote.
Estaban
Descansando en la tierra los arados.
Y esa tristeza humana,
La tristeza de aquellos armatostes
Dormidos junto al agua.
¡Qué hermosas son las nubes del Otoño!
Lejos los perros ladran.
Y por los olivares lejanos aparecen
Las manos de la noche.
Mi distancia
Interior se hace turbia.
Tiene mi corazón telas de araña...
¡El demonio de Shakespeare
Qué ponzoña me ha vertido en el alma!
¡Casualidad temible es el amor!
Nos dormimos y un hada
Hace que al despertarnos adoremos
Al primero que pasa.
¡Qué tragedia tan honda!, ¿y Dios qué piensa?
¿Se le han roto las alas?
¿O acaso inventa otro aparato extraño
Para llenarlo de alma?
¿Será Dios un artista medio loco?

¡Dame, san Agustín, tus manos pálidas
Y tus ojos de sombra
Y tu llama!...

Estas flores tranquilas de la acequia,
¿Son como mis palabras
Frutas para los dientes de los aires,
Y después para nada?
¡Y esa encina que casi tiene boca
Y brazos y mirada!
Dejará la yedra de su espíritu
Para hundirse sin alma.
Y luego el corazón, ¿de qué nos sirve?
Para dejarlo en una senda larga
Colgado en otro pecho.
¡O enterrarlo bajo la nieve blanca
Cuando sentimos sobre nuestra frente
El frío de las canas!

....

¡Qué lejos está el monte!
¡Amigo William!
¿Me escuchas? ¿Sí?
(Las ramas
Secas de los árboles
Suspiran en silencio sobre el agua.)

*

¡Cuánta sombra! ¡Dios mío!
Ya me acuerdo de ti... Ya la esperanza
Como una flor echa su polen de oro
Sobre mi frente mala.
¡Gracias, Señor!

Dos sombras silenciosas
Por el camino pasan.
Una es el geniecillo de Descartes.
La otra sombra es la Muerte...
Yo siento sus miradas
Como besos de plomo sobre mi piel.
¡Se han callado las ranas!
¡Ya se alejan! ¡Ay!, ¿cuál es el camino
Que conduce a mi casa?
¿Es éste?, ¿es aquél?, ¿o esa vereda?
¡Qué confusión!...
¡Las ranas
Empiezan muy piano sus canciones
Todas desconcertadas!
Y ya donde se cruzan los caminos
Veo sobre la montaña
Una caricatura de la esfinge.
¡Riendo a carcajadas!

*

Luego pensé en mi habitación a solas
Y al calor de mi lámpara.
Todos vivimos en el bosque negro
Que Shakespeare se inventara.

Hay quien se siembra lirios en el pecho
Y le nacen ortigas.
Hay quien canta
Creyendo que es alondra matutina,
Y está muda su flauta.
¿Pero, Señor, el corazón es cosa
Tan frágil y tan falsa?
Pienso serenamente en mi tristeza.
Es ya la madrugada,
Y veo en cada silla de mi cuarto
Sentado un gran fantasma.

La muerte de Ofelia

Fue sobre el agua verde.

Un oculto remanso
Entre las ondas claras de un río de ilusión.
El crepúsculo muerto puso en las ondas hojas
De luz que Ofelia enciende
Con su carne de rosa,
De oro blanco y de sol.

Como vaga corola de una flor religiosa
Se hunde y el Amor
Ha tronchado su arco sobre una encina vieja
Hundiéndose en las sombras. Hamlet con su siniestra
Mirada ve al espectro que lleva el corazón
Herido y a una daga
Que sangra en las tinieblas.

Se acerca la Venganza
En negra procesión.

Y Ofelia dulce cae
En el abismo blando.
Todo sacra tristeza
Y palpitar de tarde.
Sobre el tenue temblor
De las aguas, su pelo
Se diría una vaga y enigmática sangre,
Unas algas de oro
Que cayeran del cielo

O un ensueño de polen
De azucena gigante...
No queda en el remanso sino la cabellera
Que flota. ¡Un gran topacio!
Deshecho por el ritmo
De eterna Primavera
Que agita el dulce espacio
De las aguas serenas.

¡Es noche!
Los corderos ya vuelven a los tristes rediles.
Las flores sobre el agua beben alma de Ofelia.
Ya está el bosque sombrío con sones pastoriles.
La balada se cubre con un manto de niebla.

¡Margaritas! ¡Robles!
A lo lejos campanas
Llenas de noche negra,
Bandadas de palomas sin rumbo,
Portadoras de rosas invisibles que huelen a inocencia,
Cabezas pensativas llenas de rubio encanto,
Con los ojos azules ¡coronados de yedra!
Clavicordios que lloran sonatas imposibles,
Claustros llenos de rosas,
Una anciana y su rueca cuyo copo de nieve
Es la eterna leyenda.
El lobo se ha perdido.
Hamlet pensando sueña.
Bajo el cielo impasible
El agua duerme a Ofelia
Como una madre... y canta el viento
En la floresta.

¡Con qué santa sulzura
Se muere la doncella!
Shakespeare tejió con vientos
La maravilla tierna de la mujer extraña
Que pasa en la tragedia del príncipe fantasma
Como un sueño de nubes
Recogidas y castas,
Hecha de espigas rubias
Y estrellas apagadas,
Que se fue sonriendo por los reinos del agua
Como una luz errante
Que encuentra al fin su lámpara.

¡Ofelia muerta!
Remolino de nieve soleada.
Un montón otoñal de rosas blancas,
Una antorcha de mármol en un ara
Profunda, inagotable de misterio,
Que tiembla con los vientos
Y que canta...

Los árboles del bosque son los cirios.
La luna los enciende con su brasa.

Ofelia yace muerta coronada de flores.
En el bosque sombrío
La llora la Balada.

Fue sobre el agua verde de un oculto remanso,
En la puesta del sol de una tarde lejana.

ÍNDICE

De *Poema del cante jondo*

De *Diván del Tamarit*

De *Llanto por Ignacio Sánchez Mejías*

De *Sonetos del amor oscuro*

Este libro se terminó de editar en Granada
el 10 de abril de 2025 por

www.aversopoesia.com
hola@aversopoesia.com